子どもと向き合う

法的思考力

親の思いが一方通行にならないよう
知っておきたいこと

真下麻里子 著

東京書店

はじめに

本書を手に取ってくださり、ありがとうございます。

私は、教育の分野で活動する弁護士です。といっても、「学校を訴える」とか「いじめの加害者を訴える」といった活動をしているわけではありません。学校や教育委員会、保護者の会などに赴いて「みんながおたがいを尊重し合うためには、どう考え、どんな仕組みを作ればよいか」を一緒に考える活動を行っています。その延長として、いじめ重大事態の第三者調査委員会の委員を務めることもあります。

そうした活動を通して私が思うのは、「私たちはもっと『自分を尊重する』ことを真剣に考えた方がよい」ということです。教育現場にいると「相手を尊重する」ことばかりが強調されがちです。そして、「がまんすること」と「相手を尊重すること」がセットで語られるのです。そのため、いざ「自分を尊重する」ことに目を向けようとすると、がまんが取り払われて「自分の思いどおりに振る舞うこと」が「自分を尊重すること」かのように語られてしまいます。

しかし、人間は社会的な存在です。一人で生きていくことなどできません。一方的ながまんも、一方的な他者への要求も、ずっと続けることなど無理なことです。「どうしたら私もあなたも尊重される環境を整えることができるのか」という問いを立てることなしに、本当の

意味で「自分を尊重すること」などかなわないのです。

　じつは、「尊重」のための知の集積が「法」です。さまざまな背景をもつ人たちが混在する社会から、少しでも衝突を減らすため、私たち一人ひとりが尊重される仕組みを作るために考え抜かれた"権利・利益の調整の結果"が法だからです。

　ですから、本書のテーマである「法的思考力」とは、「保護者も子どもも教育関係者も、みんなを尊重するための思考力」を意味します。子どもをめぐって起きがちな20のケースを取り上げましたので、気になるものから読んでみてください。法がさまざまな権利・利益を調整している事実や、調整の方法が見えてくると思います。

　子育てには、安易な"正解"などありません。保護者の思う"子どもの幸せ"と、子どもが感じる"自分の幸せ"が異なることもあります。そのため、保護者は時に、自分の経験とはまったく異なる観点から、子どものことを考えなければなりません。

　そうした難題に直面したとき、法は意外と頼りになります。みなさんにとって、本書で身につく法的思考力が、その時々の"最適解"を導き出す手がかりの一つとなれば幸いです。

もくじ

1章 家庭編

2章 学校編

3章 交友関係 編

[凡例]

● 条文について

刑法は、2022年6月17日に公布され、2025年6月1日に施行される予定の改正に基づいています。そのほかは、2024年12月現在の内容に基づいています。

● 子どもの権利条約について

日本政府などの翻訳では「児童の権利に関する条約」とも記載されますが、本書では、日本ユニセフ協会による翻訳に準拠しています。

● 法律の名称について

本書では、法律を略称や通称で記載している箇所がありますが、正式名称は下記のとおりです。

略称や通称	正式名称
児童虐待防止法	児童虐待の防止等に関する法律
教育機会確保法	義務教育の段階における普通教育に相当する教育の機会の確保等に関する法律
いじめ防止法	いじめ防止対策推進法
わいせつ教員対策新法	教育職員等による児童生徒性暴力等の防止等に関する法律
日本版 DBS 法	学校設置者等及び民間教育保育等事業者による児童対象性暴力等の防止等のための措置に関する法律
性的姿態撮影等処罰法	性的な姿態を撮影する行為等の処罰及び押収物に記録された性的な姿態の影像に係る電磁的記録の消去等に関する法律
リベンジポルノ防止法	私事性的画像記録の提供等による被害の防止に関する法律
児童ポルノ禁止法	児童買春、児童ポルノに係る行為等の規制及び処罰並びに児童の保護等に関する法律

1章

家庭編

この章では、家庭における体罰や教育虐待、ジェンダーにかかわる問題などのケーススタディを紹介します。大切なのは、親が子どもの自己決定権をないがしろにせず、"自分も子どもも尊重する視点"を身につけることです。

子どもは「保護の対象」ではなく 「権利の主体」

　1994年に批准（ひじゅん）した「子どもの権利条約」 →P.18 は、子どもを「権利の主体」であると位置づけています。つまり、子どもも大人と同様、一人の人間として「権利」をもっていることを明らかにしています。私たち大人には、子どもの権利を尊重する責務があるのです。

　しかし、私たちは、どうしても子どもを「権利の主体」というよりは、「保護の対象」と位置づけてしまう傾向にあります。「道を踏み外したらどうしよう」、「周りから浮いた存在になってしまったらどうしよう」など、大人側には常に子どもに対する多くの不安があります。結果、多くの制約を子どもに課して、「大人にとって安心できる子ども」にしようとしてしまいます。こうした問題は、子どもの"保護"と"自律"の対立の問題として、じつは古くから議論されていることです。

　もちろん、子どもの身体・生命の安全は必ず守らなければなりません。しかし、それ以上に"保護"が過ぎると、子どもの"自律"はどんどん失われていきます。

　「子どもの権利」を真に尊重するために、私たち大人は、どのようなバランスが最適なのかを常に自分に問いかけ続ける必要があるのです。

子どもの権利が守られる社会は、
大人の権利も守られる社会

　「権利」というと"人それぞれが個別にもっているもの"といったイメージがあるので、誤解されることが多いですが、じつは、私たちの権利はつながっています。まず、子どもの権利と大人の権利は"地続き"といえます。たとえば、子どものころから服装や進路の選択などを細かく管理されている人たちは、その制約が"当たり前"なので、自分たちの権利の制約に気づきにくいでしょう。社会に出たからといって突然、その制約に敏感になったり、制約をなくそうと抵抗できるようになったりはしません。安易に子どもの権利を制約し続けてしまうと、将来的に大人に対する権利の制約にも疑問をもちにくい社会になってしまう可能性があるのです。

　また、そもそも、今ある私たちの権利もつながっています。たとえば、誰かが訴訟を起こして、その中で「これは憲法上保障される権利だ」と裁判所に認められれば、その権利はその人だけでなく、私たちみんなに保障される憲法上の権利であることになります。「知る権利」や「プライバシー権」といったいわゆる「新しい人権」は、そうやって認められてきた権利です。つまり、"あなた"の権利が認められれば、"私"の権利も認められる、という関係が成り立ちます。一人ひとりが、自分の権利を理解して大切にすること、理不尽な制約にきちんと抵抗することは、"私たちみんな"にとって重要なのです。

　ですから、「社会がこうだから」という理由で子どもに何かを強制したくなったときは、いったん立ち止まって、「子どもの"世間の理不尽に立ち向かう力"を奪わないか」という視点から再考することもとても大切です。

保護者も
「自分で自分を尊重」してよい

　いじめやハラスメントの問題などに顕著に表れることですが、人は「自分が尊重されている」と感じられていないのに、ほかの人を尊重し続けることなど、まずできません。無理に続けてしまうと、心身の健康を害してしまったり、自分より弱い立場の人に攻撃的になってしまったりします。これは、親子関係においても同じといえるでしょう。

　ですから、保護者は、「自分で自分を尊重すること」に目を向ける必要があります。ただし、それは、子どもをないがしろにすることとはまったく異なります。むしろ、子どもを尊重する環境を整えるためにこそ、自分を尊重するのです。そのためには、「保護者だからこうすべき」、「大人だからがまんすべき」といった"べき論"で自分をしばるのではなく、まず、自分自身の「内心（心の中、思い）」を自覚し、無視したり、安易に否定したりしないことが大切です。内心は「私」という人格の根幹だからです。根幹を軽視しては、自分を尊重できません。

　たとえば、勉強しない子どもの将来に強い不安を覚える場合、「強い不安を覚えるほど子どもを大切に思う自分」こそが「私」という人格なのです。不安そのものを否定する必要はありません 内心の自由➡P.28 。大切なのは、その不安をどのようにアウトプットするか、"自分が抱える問題"の解決手段として何を選択するかです。

たがいを尊重する視点が「対話」を生む

　近年は、学習指導要領が改訂され、「主体的・対話的で深い学び」が重視されるようになりました。目標の達成、他者との協働、情動の制御にかかわるスキルとしての「非認知能力」を養うことが注目されています。

　こうした傾向は、子どもの学びに対する大人のおもな役割が「子どもの手を引っ張って何かをやらせること」や「子どもに教え込むこと」ではなく、「子どもが自ら学べる環境を整えること」に変わってきたことを意味しています。

　そして、そうした環境を整えるためには、「自分が尊重されていると思える場所」、「心理的安全性の確保された場所」が不可欠とされています。それが家庭や学校であれば、これほど理想的なことはないでしょう。

　法は、個人の権利を守るため、自分と相手を尊重するための知の集積です。法を学び、権利を学ぶことで、「自分を尊重し、子どもも尊重する視点」を身につけることができます。

　そうした視点を大人が備えることは、子どもとの対話や適切なコミュニケーションを図る上での非常に大きな一歩となりえます。

　まずは、自分の内心を尊重し、同じように子どもの内心も尊重することから始めてみましょう。そのためにも、"べき論"から少し距離を置き、自分の中にある「私は〜したい」、「あなたに〜してほしい」に着目してみることが大切です。

子どもをたたいて
しつけている

父親がしかる方法として息子の頭をたたく

小学2年生のミウさんが3歳年上の兄アオさんに頭をたたかれて泣いている。前にも同じことがあり、お父さんは「またミウをたたいたら、次はアオをたたくと言っておいたよな?」と言い、アオさんがうなずいたため、頭をペシッとたたいた。

①

痛っ!
たたかないで!

②

またミウをたたいたら、次はアオをたたくと言っておいたよな?

 ちょっと頭をたたいただけなのに、大げさだな

 お父さんには、お兄ちゃんをしかって、私をたたかないようにしてほしい

 たたくのは直さないといけないから、厳しくしからないと

 友達や年上からたたかれるなんてよくあること。ミウをたたくのも大したことじゃないのに

「しつけ」として必要だと考えている

それを見ていたお母さんに、事前に伝えていた、同じ痛みを知らないとたたかないようにならない、しつけとして必要だと、お父さんは説明をした。お母さんは、その言い分にも一理あるように思うが、どうしたらよいか悩んでいる。

3

しつけだからといってたたくのは……

「しつけ」として必要なことなんだ

きちんと予告もしたし同じ痛みを知らないとたたくのをやめない

しつけ！

うーん

「子どもをたたく」のは決してよくないけれど、厳しくしかるためという夫の言い分もわかるし

自分も子どものときに誰かを傷つけたら、親からたたかれて相手の痛みを知った
ミウを守るためにも、厳しくアオをしかる必要がある

 しつけと体罰の ボーダーラインは？

息子の行為は 法的には「暴行」

　人をたたいたり殴ったり蹴ったりする行為は暴行罪における「暴行」にあたります。私たちの社会が安全で個人が尊重される場であるために、そうした行為は許容されないのです。

　アオさんがミウさんの頭をたたく行為もこれにあたりますから、お父さんがアオさんをしかるのは、とても大切なことです。しかし、その方法には、問題があると言わざるを得ません。

用語解説
暴行

　暴行罪の「暴行」は、人に対する物理的な力の行使をいいます。その保護法益（守りたい価値）が人の身体であることから、基本的には人の身体に対するすべての攻撃方法を含みます。相手に塩を振りかける行為が暴行にあたるとされた下級審判決も存在します。また、驚かす目的で人の近くをねらって石を投げる行為など、身体接触が伴わないものも、人の身体への危険が生じる以上は暴行にあたります。

条文を見る！
暴行
【刑法第208条】

　暴行を加えた者が人を傷害するに至らなかったときは、2年以下の拘禁刑若しくは30万円以下の罰金又は拘留若しくは科料に処する。

お父さんの行為も 同じく「暴行」

　アオさんの行為と同様、お父さんがアオさんの頭をたたく行為も暴行です。この点、アオさんはお父さんの「またミウをたたいたら、次はアオをたたくと言っておいたよな？」との発言にうなずいているため、「同意（承諾）があった」と考えることもできそうです。

　しかし、違法性をなくすに足りる相手の同意は、真意に基づく同意（本心からの真摯な同意）でなければなりません。また、これは大人から子どもへの暴行であり、力関係が対等ではないため、真意に基づく同意か否かは極めて慎重に判断される必要があります。加えて、仮に真意に基づく同意だとし

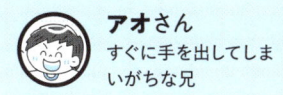
アオさん
すぐに手を出してしまいがちな兄

ミウさん
兄によくたたかれている妹

お父さん
たたくのは、しつけのうちと考えている

1 章

家庭編

ても、状況や態様次第では違法性がなくならない可能性もあります。

そうした前提のもと、このケースを確認すると、そもそも、アオさんはお父さんが「過去にそういった発言をしたこと」は認めているかもしれませんが、「自分がたたかれること」までは納得していない可能性があります。「うなずいたこと」だけをもって、アオさんの真意に基づく同意があったと安易に判断することはできません。

つまり、お父さんの行為は違法である可能性が高いということです。

"社会的な正しさ"を教えるために自らが反規範的な態度を示すのが本当に"子どものため"になるかは、十分に検討に値する問題といえるでしょう。

"たたかないしつけ"を選ぶことが大切

児童虐待防止法は、子どもに対する「虐待」を禁ずる法律ですが、親権者の体罰も禁止しています。体罰とは、罰を与えるなどの目的で行われる暴力行為で、親子関係では多くの場合、「しつけ」と称して行われます。お父

さんの「頭をペシッとたたく」行為も、これにあたる可能性があります。また、そもそも「たたく」という行為は、児童虐待にあたる場合もあります。

つまり、「しつけ」のためといって「子どもをたたく」行為は法的にNGなのです。最初は弱い力でたたいていたとしても、だんだん効果が薄れているように感じられたり、たたくことに抵抗がなくなったりすることで、行為がエスカレートしてしまうことは多々あります。最初から"たたかないしつけ"を選ぶことは非常に重要です。

条文を見る！

児童の人格の尊重等
【児童虐待防止法第14条】

児童の親権を行う者は、児童のしつけに際して、児童の人格を尊重するとともに、その年齢及び発達の程度に配慮しなければならず、かつ、体罰その他の児童の心身の健全な発達に有害な影響を及ぼす言動をしてはならない。
2　児童の親権を行う者は、児童虐待に係る暴力罪、傷害罪その他の犯罪について、当該児童の親権を行う者であることを理由として、その責めを免れることはない。

"ペナルティ"の考え方とは？

お父さんは、アオさんの頭をたたくことについて「事前に伝えていた」と主張しています。この「どんなときに、どのようなペナルティを与えるかを予告しておく」という視点それ自体は、非常に重要です。

法的には、これを「手続保障（適正手続）」といいます。私たちが自由に日々生活し、活動していくためには、何をしてしまったらどんな罰（ペナルティ）が科されるかをあらかじめみんなで定め、それぞれが認識しておく必要があります。

スポーツなどでも、ささいなことや審判の気分などでいきなり退場させられるようでは、のびのびとプレーすることは困難でしょう。あらかじめきちんとルールが定められ、どのような違反をすれば、どのようなペナルティがあるか、明確にされているはずです。

ただし、そうした手続を保障する目的は、私たち一人ひとりの人権を守ることにありますから、ペナルティの内容も人権に配慮したものでなければな

りません。

ですから、たとえ事前にどのようなやりとりがあったとしても、「たたく」というペナルティはNGなのです。

条文を見る！

適正手続の保障
【憲法第31条】

何人も、法律の定める手続によらなければ、その生命若しくは自由を奪はれ、又はその他の刑罰を科せられない。

Advice

問題解決手段を一緒に学ぼう

アオさんは今、自分の内心（気持ちや考え）を実現するための"適切な手段"を学んでいる最中です。アオさんは、自分で問題を解決できるようになるために、「たたく」以外の手段を学ばなければなりません。

しかし、お父さん自身もアオさんをたたいてしまったら、アオさんはそれ以外の手段を知ることも学ぶこともできません。

また、お父さんは、「同じ痛み」を知るためにもたたくことが必要だと言っていますが、「たたかれる痛み」そ

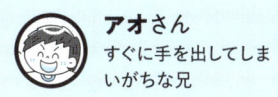 **アオさん**
すぐに手を出してしまいがちな兄

 ミウさん
兄によくたたかれている妹

 お父さん
たたくのは、しつけのうちと考えている

1章

家庭編

れ自体は、おそらくアオさんは"子どもの世界"の中ですでに学んでいることでしょう。日常生活において、子ども同士の身体接触は起こりうることだからです。ですから、大人としては、"みんなの社会"の中での適切な振る舞い方を子どもに伝える必要があるのです。

したがって、まずは、なぜたたきたい気持ちになったのか、その動機などに着目した上で、アオさんの内心を尊重する（頭ごなしに否定しない）ことがポイントです。その次に、「たたく」以外の問題解決手段を親子で一緒に考えていくとよいでしょう。そうした姿勢を見せることそのものがアオさんの学びにつながります。

また、何らかのペナルティを与える場合は、事前によく話し合っておくことが重要です。上から押しつけられたルールは、子どもの納得を得られにくいのはもちろんですが、保護者の方も"大人"や"親"という権力に頼りがちになってしまうからです。

それを踏まえて、子どもの性質に合った内容（例：ゲームや遊びの時間を減らすなど）を決めていきましょう。

 Q どんなことが体罰になるの？

 A 暴力以外にも幅広く該当します

厚生労働省のガイドライン「体罰等によらない子育てのために～みんなで育児を支える社会に～」（2020年2月）によれば、「身体に、何らかの苦痛を引き起こし、又は不快感を意図的にもたらす行為（罰）である場合は、どんなに軽いものであっても体罰に該当」するとされています。

具体的には、「大切なものにいたずらをしたので、長時間正座をさせた」、「宿題をしなかったので、夕ご飯を与えなかった」、「掃除をしないので、雑巾を顔に押しつけた」などが挙げられています。

なお、同ガイドラインによれば、罰を与えることを目的としない、子どもを保護するための行為（道に飛び出しそうな子どもの手をつかむなど）や、第三者に被害をおよぼすような行為を制止する行為（ほかの子どもに暴力を振るうのを制止するなど）などは体罰に該当しません。

大人の権利と子どもの権利

そもそも「権利」って何？

ある人に「『権利』といってもいろいろありますが、『基本的人権』と『損害賠償請求権』って何がちがうんですか？」と質問されたことがあります。この質問に厳密に答えるのは、やや難しいのですが、あえてシンプルに回答すれば、日本国憲法で保障されている権利が「基本的人権」であり、法律によって定められている権利が「損害賠償請求権」などです。一般に言う「人権」とは、多くの場合、「基本的人権」を指しています（「人権を守る」など）。「損害賠償請求権」などは、その基本的人権を守る手段として、相手に請求できるよう法律によって具体化されたものです。

基本的人権は、私たちが人間であることによって当然にもっている権利ですから、非常に尊いものであり、公権力に侵されることのないよう、日本国憲法で保障されているのです。大人と子どもの権利に差があるように感じがちですが、「人間であることによって当然もっている権利」ですから、子どもも大人と同様、基本的人権をもっています。

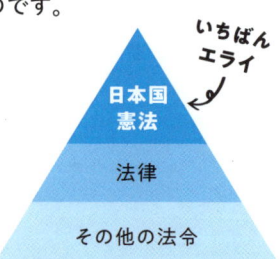

日本国憲法は、国家権力をしばる役割を担い、この憲法に反する法律はすべて無効となる

子どもの権利条約

大人も子どもも同じく人権をもつ存在ですが、どうしても子どもの方が弱い立場に立たされがちです。時には搾取や虐待などを受けてしまうこともあります。そのため、子どもを権利の主体としてとらえることの重要性、権利を侵害されないよう保護する必要性から、1989年11月20日、子どもの

権利条約が国際連合総会で採択されました。本文でもふれましたが、日本は
1994年に批准しました。押さえておきたい「4つの原則」は以下のとおりです。

● **子どもの権利条約の 4つの原則** 参考：日本ユニセフ協会ホームページ

差別の禁止	すべての子どもは、子ども自身や親の人種や国籍、性、意見、障がい、経済状況などどんな理由でも差別されず、条約の定めるすべての権利が保障されます。
子どもの最善の利益	子どもに関することが決められ、行われる時は、「その子どもにとって最もよいことは何か」を第一に考えます。
生命、生存及び発達に対する権利	すべての子どもの命が守られ、もって生まれた能力を十分に伸ばして成長できるよう、医療、教育、生活への支援などを受けることが保障されます。
子どもの意見の尊重	子どもは自分に関係のある事柄について自由に意見を表すことができ、おとなはその意見を子どもの発達に応じて十分に考慮します。

（ こども基本法 ）

　日本国憲法と子どもの権利条約の精神にのっとり、2023年4月、「こども
基本法」が施行されました。子どもを主体的な存在として扱い、その権利を
尊重していくことが、これからの社会では求められているのです。

● **こども基本法の6つの基本理念** 参考：こども家庭庁ホームページ

❶すべてのこどもは大切にされ、基本的な人権が守られ、差別されないこと。
❷すべてのこどもは、大事に育てられ、生活が守られ、愛され、保護される権利が
　守られ、平等に教育を受けられること。
❸年齢や発達の程度により、自分に直接関係することに意見を言えたり、社会のさ
　まざまな活動に参加できること。
❹すべてのこどもは年齢や発達の程度に応じて、意見が尊重され、こどもの今とこ
　れからにとって最もよいことが優先して考えられること。
❺子育ては家庭を基本としながら、そのサポートが十分に行われ、家庭で育つこと
　が難しいこどもも、家庭と同様の環境が確保されること。
❻家庭や子育てに夢を持ち、喜びを感じられる社会をつくること。

男は学歴、女は愛嬌と思い込んでいる

息子には「勉強しろ」と言う

ある休日、コウタさんが友達と遊びに出かけようとすると、お父さんが「勉強しなさい！」と言って怒った。お父さんは、コウタさんは男の子なんだから学歴が必要だし、そのために勉強しないといけないと考えている。

①

友達と遊んでくるね！

勉強しなさい！

男は学歴がすべて。まだ子どもとはいえ、男は将来に向けて勉強しておかないと

えー、せっかくの休みなのに、また勉強……

しかし、娘には「勉強しろ」と言わない

コウタさんが「お姉ちゃんには勉強しろって言わないのに、なんで僕だけ？」と反論すると、お父さんは「お姉ちゃんは女の子だからいいの！」と言った。それを聞いていた姉のメイさんは複雑な気持ちになった。

 どうして、女の子だからって、お姉ちゃんは勉強をがんばらなくていいの？

「女の子だからいいの」って、私はお父さんに期待されてないのかな……。勉強好きなのに

 やはり男子は高学歴で、エリートコースを歩んでほしい
女子には学歴より、かわいらしさや家事能力の方が大事。無理して勉強する必要はない

子どもの性別によって
教育方針がちがうのはOK？

きょうだい間での
"差別的扱い"とは？

生まれた順番や性別などによって、きょうだい間での扱いを変えると、子どもは親に「愛されていない」と感じてしまいます。その心理的負担が後の人生に与える影響は甚大でしょう。

ですから、児童虐待防止法が禁止する「児童虐待」の心理的虐待には、"きょうだい間での差別的扱い"が含まれています。「配偶者の連れ子を冷遇する」とか「長男ばかりをかわいがる」などが典型例です。

ただ、このケースでは、表面上、お父さんは、コウタさんとメイさんに対する扱いを「コウタさんには勉強しろと言うものの、メイさんにはとくに言わない」という点で差をつけているだけです。ですから、これだけをもって、ただちに児童虐待にあたるほどの"差別的扱い"と評価するのは難しいでしょう。

しかし、だからといって、お父さんの対応は決して望ましいものではありません。

条文を見る！

心理的虐待の定義
【児童虐待防止法第2条4号】

児童に対する著しい暴言又は著しく拒絶的な対応、児童が同居する家庭における配偶者に対する暴力（配偶者（婚姻の届出をしていないが、事実上婚姻関係と同様の事情にある者を含む。）の身体に対する不法な攻撃であって生命又は身体に危害を及ぼすもの及びこれに準ずる心身に有害な影響を及ぼす言動をいう。）その他の児童に著しい心理的外傷を与える言動を行うこと。

子どもに植えつけてしまう
"ジェンダーバイアス"

"ジェンダーバイアス"とは、男女の役割について固定的な観念をもつことや、それに基づいた評価や扱いが差別的になってしまうことをいいます。

典型的な固定観念として、「男性は外で稼いでこそ一人前」、「家事育児は女性が行うもの」、「理工系の学部は男性が進学するもの」、「女性は出世を望まない」などといったものがあります。

コウタさん
小学3年生。元気がよく外遊びが好き

メイさん
小学5年生の姉。勉強が好き

お父さん
「男は学歴」を信条にしている

1章

家庭編

お父さんには「男の子は高学歴が必要だが、女の子に学歴はそれほど必要ではない」というジェンダーバイアスがあるといえるでしょう。

そして、そうしたジェンダーバイアスを子どもたちに植えつけるような振る舞いをしてしまっています。

用語解説

ジェンダーバイアス

ジェンダーバイアスという言葉が注目されるようになり、世間の意識にも変化が見られ始めています。しかし、まだ性別によって「こうあるべき」という風潮は根強く残っているのが現状です。

内閣府が20〜60代の男女を対象に行った調査（2022年発表）によると、"性別役割意識"については、下記のような項目が上位にあがっています。

「男性は仕事をして家計を支えるべきだ」「女性には女性らしい感性があるものだ」「女性は感情的になりやすい」「育児期間中の女性は重要な仕事を担当すべきでない」など。

差別や格差の再生産につながる

ジェンダーバイアスは、差別や格差を助長し、再生産してしまうことが問題とされています。

たとえば、メイさんに4年制の大学に進学できる能力があったとしても、小さいころから「女の子に学歴はいらない。むしろ邪魔になる可能性もある」などと言われていたら「大学に行きたい」とは思えなくなってしまいます。学費を出すことを親に拒まれた場合は入学のハードルが著しく上がる、という現実的な問題もあります。

そうなれば、メイさんが4年制の大学に進学する機会は失われ、結果、生涯年収も4年制の大卒者に比べて低くなる可能性が高まります。

つまり、本人に能力があるにもかかわらず、大人がジェンダーバイアスを植えつけることによって、選択肢を著しく狭めてしまう可能性がある、ということです。

本人は、選択肢が狭められていることに気づきづらいですから、「社会の仕組みを変えたい」という動機も生ま

? 子どもの性別によって　教育方針がちがうのはOK？

れにくくなります。そうした"当事者"が多いほど、社会の構造は変えづらくなり、差別や格差は強化・固定化されていきます。

男性にとっても大きな問題

賃金格差の問題をはじめ、いわゆる"女性差別"や"男女の格差"といわれる問題は、決して女性だけの問題ではありません。

たとえば、「家事育児は女性が行うもの」という固定観念は、「代わりに男性が外でしっかり稼いでくる」という固定観念を前提としています。女性に対する固定観念と男性に対するものとは表裏なのです。

お父さんがコウタさんに高学歴を求めるように、「男の子は強くなければいけない」「泣いてはいけない」「見くびられてはならない」「稼ぎで負けてはならない」など、男性は男性で、いわゆる"男らしさ"にしばられています。これは男性に対する強迫観念にもなりえ、男性の生きづらさも助長しているのです。

👆 Advice

大人のジェンダーバイアスの子どもへの影響を考えよう

「男性はこうあるべき」「女性はこうあるべき」という固定観念は、私たち大人がこれまでの人生を通して"学んで"しまっているものであり、これから完全に解放される、ジェンダーバイアスをまったくもたなくする、というのは非常に難しいことです。

しかし、保護者のジェンダーバイアスは確実に子どもたちに影響を与えます。このケースでのお父さんの振る舞いのように、最初は軽微な"差"であったとしても、子どもの成長につれて、「男の子にばかり厳しくあたり、勉強時間や生活を細かく管理する」とか「女の子には大学進学の費用を出さない」などの行動として顕在化し、取り返すのが困難な負の影響を与える可能性もあるでしょう。

ですから、保護者自身のジェンダーバイアスを自覚するよう心がけ、子どもたちにはそれを植えつけないようにすること、性別などにかかわらず、きょうだいを平等に扱うよう努めることが非常に大切です。

コウタさん
小学3年生。元気がよく外遊びが好き

 メイさん
小学5年生の姉。勉強が好き

 お父さん
「男は学歴」を信条にしている

1章

家庭編

 Q 日本の男女格差を世界の国々と比べると？

 A ジェンダー・ギャップ指数がかなり低いのが現状です

　スイスの非営利財団「世界経済フォーラム」は、男女格差の度合いを示す「ジェンダー・ギャップ指数（GGI）」を毎年算出し、公表しています。

　経済、教育、健康、政治の4分野に関して、男性に対する女性の割合が算出され、1に近づくほど「男女間の格差がない」ことになります。

　2024年に公表された日本のジェンダー・ギャップ指数は0.663で、146か国中118位です。4分野のうち、教育（識字率の男女比、中等・高等教育就学率の男女比）は0.993、健康（出生児性比、健康寿命の男女比）は0.973と世界トップクラスです。しかし、経済参画（労働参加率の男女比、同一労働における賃金の男女格差など）は0.568、政治参画（国会議員の男女比、閣僚の男女比など）は0.118と、かなり低い内容になっています。

参考：内閣府男女共同参画局ホームページ

 これも注目 マイクロアグレッション

　マイクロアグレッション（小さな攻撃性）とは、ありふれた日常の中にある、ちょっとした言葉や行動、状況で、意図の有無にかかわらず、特定の人や集団を標的として、人種・ジェンダー・性的指向・宗教を軽視したり侮辱したりするような、否定的な表現のことです。

　たとえば、職場で男性社員を「〇〇さん」と苗字で呼ぶのに、女性社員を「〇〇ちゃん」と下の名前で呼ぶなどがあたります。ちょっとした表現に、無意識の偏見や無理解、差別心などが表れているのです。

　これは、自分が"する側"にも"される側"にもなりえます。"する側"になったときには、「そんなささいなこと!?　揚げ足取りでは？」と思うかもしれません。ですが、"される側"は日常的に多くの場面で似たような表現を向けられているため、大きな心理的負担になります。

　典型的な例を調べてみるだけでも、自分の中にある無意識の偏見や無理解、差別心に気づけると思いますし、逆に「あの扱いは不当だったのでは!?」と認識することもできるでしょう。

理想の子ども像 VS 子ども自身の希望

母親が自分や娘の見た目を重要視している

小学6年生のレミさんのお母さんは、美意識が高くて美への努力を惜しまない。実際、周りから「きれい」と評判で、母娘写真が雑誌に掲載されたことも。娘が「かわいい」とほめられることもうれしく思い、服装などの見た目を気にかけている。

 お母さんがきれいなのはうれしいし、自慢！ 食事管理や運動などの努力は尊敬できる。でも、そろそろ私の服装などに口を出すのは、やめてほしい

 どうしたら娘が美しく見えるか、私がいちばんわかってる。「自分の見せ方」は大切だから、娘には、私の言うことを聞いてしっかりできるようになってほしい

女性らしくないと、娘が髪を切るのを反対する

レミさんは中学で運動部に入部し、日焼けをして筋肉もしっかりとつき始めた。あるとき、レミさんが運動の邪魔になるしショートカットにしたいと伝えると、お母さんは、"女性らしさ"に欠けるからと反対をした。

 ショートカットにしたいのが、なぜ「自分を大事にしない」なのか、わからない。そもそも、「女性らしさ」って何？　私の気持ちはどうでもいいの？

 今はまだ子どもだから、わかってないだけ。女性らしく、かわいい方が得に決まってる。娘が苦労の少ない道を歩めるよう、軌道修正しなくちゃ

# 親は自分の子どもに どこまで期待してよいの？

"子どもに期待すること" 自体は自由

お母さんは、レミさんに「女性らしくあってほしい」と願っています。その理由は「その方が得だから」。お母さんが"美"の維持のために並々ならぬ努力をしていることから見ても、これは自身の経験に裏打ちされた信念ともいえるものなのでしょう。

こうした信念をもつこと自体は、お母さんの心の内にとどまる限り、絶対的に自由です（内心の自由）。内心は人の人格や尊厳を支える根幹といえますから、法的には非常に高い価値があると考えられています。お母さんは、その信念を大切にしてよいのです。

また、子どもがまだ発達の途中にあることに着目すれば、子どもの保護などの観点から、親権者としてその自己決定権に一定程度の制約を課すことも可能です。

しかし、だからといってその信念を子どもに"強制"してしまうのは、やはり問題があると言わざるを得ません。

条文を見る！

思想及び良心（内心）の自由 【憲法第19条】

思想及び良心の自由は、これを侵してはならない。

"らしさ"の 正体を考えてみる

"女性・男性らしさ"、"父親・母親らしさ"、"中学生・高校生らしさ"、"日本人らしさ"など、私たちは日々多くの"らしさ"にさらされています。気をつける必要があるのは、"らしさ"とは多くの場合、「他人（世間）がどう思うか」で作られた概念であるということです。その他人（世間）自体も決して明確ではありません。世代や性別などによっても感じ方は異なるでしょうし、時代の流れによって変わることも多々あります。

また、そもそも誰が"らしい"・"らしくない"を判断するのでしょう。日常生活においては、訴訟における裁判官のような人はいませんから、客観的な判断を下すことは困難です。多くの

レミさん
中学校で運動部に所属し、活動に熱心に取り組んでいる

 お母さん
人からどう見られるかを重視していて、美に対する努力を惜しまない

1章　家庭編

場合、「〜らしくない」と指摘する人の主観によることになるでしょう。

　にもかかわらず、「〜らしくない」という指摘は、あたかも「世間のみんながそう判断している」かのような印象を相手に抱かせます。

　"らしさ"の振りかざしは、非常に大きな圧力になるのです。まだ"世間"を知らない子どもに対して大人が行う場合はなおさらです。

子どもの自己決定権と"らしさ"

　子どもは、「自分で自分のことを決めること」や「自分で自分を尊重すること」を学んでいる最中です。自分の思ったとおりに行動してよいことと、他者との関係性から調整しなければならないこととのバランスを、まだ上手に取ることができません。

　そうした過程で、大人が安易に"らしさ"を振りかざすことは、「あなたが『どうしたいか』よりも、『世間からどう見られるか』の方が重要」と子どもに伝えるに等しい行為です。それは、子どもの内側から湧きあがる意思や動機（内心）そのものを否定し、摘み取ってしまうことにもつながります。

　お母さんは、自分の意思で"女性らしさ"を追求し、そのための努力も惜しまないことを選択していますが、レミさんはそうではありません。どのような生き方を選択するかはレミさん自身が決めることです。大人が先回りして子どもの選択肢を奪うようなことがないようにしなければなりません。それが「子どもの自己決定権を尊重する」ということです。

差別や児童虐待にもつながりかねない

　"らしさ"にしばられすぎると、自身の言動により、分断や差別を招くおそれもあります。強く意識すればするほど、"らしい人"と"らしくない人"を区別したくなるからです。自分が"らしい人"になりたいと強く望む場合は、そうした傾向がより強まるでしょう。

　事実、お母さんは自分が理想とする"女性らしさ"からはみ出たレミさんを「女性らしくない」と責めてしまっています。お母さんの思いはとても強い

ようですから、今後、ショートカットを許さないだけでなく、レミさんの外見を責めるような言葉や態度でレミさんを追い詰めたり、健康を害しかねない食事管理をしたりするなど、児童虐待に発展してしまうおそれも否定できません。

ですから、"らしさ"のように、特定の価値観を人に押しつけるような概念とは、大人側こそ少し距離を置いた方がよいのです。そうした価値観に過度にしばられていないかを見つめ直す、自分の信念を客観視してみることが、結果として子どもを守ることにつながるでしょう。

前述のように、お母さんには内心の自由がありますから、その信念を無理に否定する必要はありません。ですが、信念とのつき合い方や、信念に"少し幅をもたせる"ことを検討してみるだけでも、物事のとらえ方は変わります。そうすれば、レミさんもお母さんも、今より少し楽になるかもしれません。

条文を見る！

自己決定権の根拠となる条文 【憲法第13条】

すべて国民は、個人として尊重される。生命、自由及び幸福追求に対する国民の権利については、公共の福祉に反しない限り、立法その他の国政の上で、最大の尊重を必要とする。

Advice

子どもの最終的な判断を尊重しよう

"らしさ"の問題に限らず、親は子どもに自分の理想を押しつけてしまいがちです。このケースのように「自分が努力してきてよかったと思うからこそ」という場合もあるでしょう。反対に「自分ができなくて苦労したからこそ、同じ苦労を味わってほしくない」という場合もあるでしょう。いずれにしても、「子どもに幸せになってほしい」という気持ちからくる態度なのだと思います。

しかし、大人も多かれ少なかれ経験したように、そうした"親の理想の押しつけ"は、子どもをとても追い詰めます。子どもを小さな枠にはめ込み、身動きをとれなくしてしまうのです。

レミさん
中学校で運動部に所属し、活動に熱心に取り組んでいる

お母さん
人からどう見られるかを重視していて、美に対する努力を惜しまない

当たり前ですが、子どもと親は"別の人間"です。親が自分と子どもを同一視するようなことは避けなければなりません。

これは、法的にもとても大切な視点です。子どもと親は"別人格"であり、別の権利主体だからです。親が子どもの代わりに刑事罰を受けられないように、子どもに代わって親が法的責任を負えるようなケースは決して多くありません。

ですから、子どもに対して「自分の責任は自分で取る」ことを教えるのも親の重要な役割のうちの一つといえるでしょう。

そのためには、子どもの意思決定を軽視したり、無視したりすることは避けなければなりません。自分の意思に基づかない行動に対して、子どもは責任を負えないですし、負おうという自覚も芽生えないからです。

もし、親の提案に子どもがNOと言ったら、べき論を安易に押し通さず、話し合うことが大切です。子どもの最終的な判断を尊重することが、子どもが自分の責任に自覚的になる第一歩となるからです。

これも 注目 🔍 **ルッキズム**

近年"ルッキズム"という概念が注目されています。外見重視主義などと訳されますが、見た目の良い人をていねいに扱い、良くない人を軽視する外見差別も含む概念と考えられています。

世間話では、有名人の見た目を批評したり、加齢などによる変化を話題にしたりなどを気軽にしてしまいがちです。また、他人の赤ちゃんや子どもを見て、その外見だけをほめてしまうようなこともあるかもしれません。

こうした態度は、「他人の外見を批評してもよい」という共通認識をそのコミュニティ内に生み出してしまいます。もちろん、"私"も相手から見れば"他人"ですから、その批評は自分にも向いてしまう可能性が高いでしょう。そうなれば、そのコミュニティにおける"私"の心理的安全性は失われます。

自分が安心できる環境を作るためにも、また誰かに息苦しい思いをさせないためにも、"ルッキズム"とは適切な距離を取れるよう、心がけましょう。

中学受験に向けて子どもを遊ばせない

父親は娘が遊びに行くのを許可しない

中学受験のため、塾や家庭教師で毎日忙しいサナさん。塾が休みになる日、友達から遊びに行こうと誘われる。お父さんに友達と遊びに行きたいと伝えると、「受験なんだから、遊んでる暇はないだろ」とまったく取り合ってくれない。

 たまの休みだし、私も遊びに行きたいけど、お父さんが許してくれるかなぁ

 やっぱりダメなんだ。勉強をサボるつもりはないけど、少しは息抜きしたいな……

 受験に勝つには、人よりどれだけ努力ができたかが大事

(キーワード)

#中学受験　#内心の自由　#勉強の強制　#自己決定権

#意見表明権　#受験をやめたい　#遊ぶ権利　#教育虐待

娘は勉強を強制されて受験への意欲を失う

サナさんは、お父さんに言われたとおり、自分の部屋で勉強を始めたが、どうしても身が入らない。あまりに勉強ばかりで自由な時間がないことで「受験をやめたい」と思うようにもなっている。

 みんなは遊びに行けるのに、どうして私だけ。こんなに少しも自由な時間がないなら、受験なんてやめたい

 将来、きっと「あのときの努力が役に立った」と思うときがくる。だから、今は遊ばずに勉強を優先しよう！

 # 子どもの将来を思ってこそ、管理するのは親の役目？

親が心の中で子どもに期待すること自体は"自由"

お父さんが自分の娘に期待を寄せること、それ自体はとくに問題ありません。私たちには「内心の自由」が保障されており、"心の中"は絶対的に自由だからです →P.28 。

しかし、その期待が内心にとどまらず、サナさんへの勉強の強制につながっているのであれば、一度立ち止まって考える必要がありそうです。

子どもの自己決定権と意見表明権

サナさんには、自分のことを自分で決める権利 自己決定権→P.30 があります。"将来"の進学先としてどのような学校を選択するかはもちろん、"今"をどう生きるか、どう過ごすかについても、その意思は尊重されなければなりません（こども基本法第3条4号など）。また、サナさんには、「受験をやめたい」と表明する権利もあります（意見表明権 子どもの権利条約第12

条、こども基本法第3条3号）。

保護者は、子どもよりも長く生き、経験もあり、もちろん親権者としての責任もあります。ですから、どうしても子どもに「こうするべき」と断定し、強制してしまいがちです。

しかし、その強制が権利の侵害になっていないか、本当に子どもの"幸せ"につながっているのか、という視点は、保護者としては常にもっておきたいものです。

条文を見る！

こどもの意見の尊重
【こども基本法第3条4号】

全てのこどもについて、その年齢及び発達の程度に応じて、その意見が尊重され、その最善の利益が優先して考慮されること。

意見表明権
【こども基本法第3条3号】

全てのこどもについて、その年齢及び発達の程度に応じて、自己に直接関係する全ての事項に関して意見を表明する機会及び多様な社会的活動に参画する機会が確保されること。

サナさん
小学6年生。中学受験を控えていて勉強に励むが、自由な時間がほしい

お父さん
サナさんは、中学受験に向けて勉強に集中すべきと考えている

【子どもの権利条約第12条1項】

　締約国は、自己の意見を形成する能力のある児童がその児童に影響を及ぼすすべての事項について自由に自己の意見を表明する権利を確保する。この場合において、児童の意見は、その児童の年齢及び成熟度に従って相応に考慮されるものとする。

子どもには"遊ぶ権利"がある

　じつは、子どもには"遊ぶ権利"があります。子どもは、遊び（レクリエーション）を通してたくさんのことを学んでいるところです。現在、"探究"をはじめ、一方的に知識を与えられる形ではない学びが注目されているように、子どもは自身の体験や好奇心を通して、大人の認識や想像をはるかに超えて学んでいきます。遊びそのものが学びに直結しなくても、遊びを通してそのヒントを得ることも少なくありません。ですから、遊ぶことは、子どもの可能性を狭めないという側面からも非常に重要なのです。

　お父さんは、「遊んでる暇なんてないだろ」などと言っています。確かに、受験に直面した保護者としては、子どもにそう言いたくもなるでしょう。しかし、こうした気持ちにとらわれすぎると、かえって子どもの可能性を狭めかねません。目の前の受験勉強だけが子どもに"幸せになる力"を授けるわけではないことを、大人たちはつい忘れてしまうのです。

条文を見る！

遊ぶ権利
【子どもの権利条約第31条】

1. 締約国は、休息及び余暇についての児童の権利並びに児童がその年齢に適した遊び及びレクリエーションの活動を行い並びに文化的な生活及び芸術に自由に参加する権利を認める。
2. 締約国は、児童が文化的及び芸術的な生活に十分に参加する権利を尊重しかつ促進するものとし、文化的及び芸術的な活動並びにレクリエーション及び余暇の活動のための適当かつ平等な機会の提供を奨励する。

気をつけたい "教育虐待"

大人が「子どものため」、「我が子に良かれ」と思ってやったことだとしても、子どもの権利を著しく制約する行為は、児童虐待になるおそれがあります。事実、「著しい暴言」や「著しく拒絶的な対応」など、子どもに「著しい心理的外傷を与える言動」は、心理的虐待として、児童虐待に位置づけられています。

成績についてひどく責め立てたり、過度に子どもを監視して勉強以外を許さない姿勢を見せたりする行為などは、これにあたる可能性があります。お父さんの行為も度が過ぎれば、心理的虐待（いわゆる教育虐待）となりかねません。

サナさんの「遊びたい」という意思の表明は、大人側が現状を少し見直すための大切なサインです。純粋にその友達と遊びたいのか、少し息抜きしたいのか、受験自体が嫌になっているのか、自分の提案を保護者が受け入れるかを試しているのか、いろいろな可能性があるでしょう。そのいずれであっても、まずはそのサインを無視したり、軽視したりしないことが大切です。

その上で、大人に求められることは、「あなたの気持ちを尊重する」という姿勢です。気持ちが尊重されなければ、「自分が一人の人間として尊重されている」という実感も得にくいからです。内心の尊重は、"尊重"の出発点といえるでしょう。

Advice

子の意思を尊重しているか 自問自答を忘れずに

子どもの受験に取り組む多くの保護者が「自分の行いは教育虐待ではないか。大丈夫だろうか」と心配になるのかもしれません。その取り組みが真剣であればあるほど「どこまでがセーフか」という視点になりがちです。しかし、誰かが「あなたの行為はセーフです」などと"判定"してくれるわけではありません。また、仮に誰かが判定してくれたとしても、子どもが大きな不信感などを抱いてしまっていたら、その"セーフ"に意味はほぼありません。

大切なのは、「子どもの意思を本当に尊重できているか」、「"今"勉強することの大切さを子どもが納得するまでていねいに言語化し、説明できている

サナさん
小学6年生。中学受験を控えていて勉強に励むが、自由な時間がほしい

お父さん
サナさんは、中学受験に向けて勉強に集中すべきと考えている

か」を自問自答することです。その自問自答がなくなったときは、やや危ない状態といえますから、いったん立ち止まりましょう。

保護者と子どもは、法的には"別人格"であり、異なる責任主体です。そのため、仮に親子であっても、自分の責任は、自分で取るしかありません。

ですから、"保護者の言いなり"ではなく、"責任をもって自分で行動できる子ども"に育てていくことも、とても大事です。このケースのように自分の意思や意見を子どもが表明したときは、そうしたことを学ぶ大切な機会かもしれません。

"決められた課題"をやらない場合には？

考えや気持ちの把握を優先してみましょう

"宿題などの決められた課題をきちんとやること"は、一般的に"正しい"行為ですから、大人は子どもに、どうしてもその正しさを押しつけたくなってしまいます。子どもの気持ちや考えを把握するよりも、手っ取り早く"正

しい状態"を実現したくなってしまうのです。

そのため、「『普通は』ちゃんとやるでしょう？」、「『みんなは』やっているのに、なぜあなたはやらないの？」などと、べき論を振りかざしたり、他者と比べたりして、心理的な圧力を加えてしまう例も多いようです。こうした手段が子どもにとってよくないことは、ここまで述べてきたとおりです。

確かに、子どもの気持ちや考えを把握すること、手順を踏んで説得し、納得させることはいずれも手間暇がかかります。大人側の心の負担も大きいでしょう。

しかし、目の前の子どもの気持ちや考えを把握することは、子どもを尊重して親子の信頼関係を築くのに不可欠です。

ですから、大人側の負担が大きい場合、"正しさを実現する"という目的を手放し、子どもの気持ちや考えを把握すること"だけ"を目的にしてみてはいかがでしょう。"課題をやったか否か"という結果は、その目的の実現に比べれば、さほど重要でないかもしれません。

ルールを守れない子に遊びに来てほしくない

友達が家に来ると息子が家のルールを守らない

最近カイさんの家に、よく友達のケンタさんが遊びに来る。ケンタさんが家に来ると、「1日1時間まで」と決めているゲームをし放題。晩ごはんに影響するからと制限しているお菓子も、ケンタさんが持ってくるので食べ放題……。

 あー、またケンタくんか……。ケンタくんが来ると、カイがルールを守らないんだよなぁ

 ケンタが一緒だと、ゲームもし放題だし、お菓子も食べ放題！ラッキー！

 ゲームは1時間まで、お菓子は決まった分だけって約束しているのに

キーワード

#我が家のルール #自己決定権 #親権 #子の利益

#監護する義務 #親の権限 #比例原則 #ペナルティ

ルールを破るので友達に来てほしくない

夕方遅い時間になっても2人はゲームをし続け、ケンタさんはなかなか帰らない。帰宅後、お母さんはカイさんにゲームやお菓子のルールを確認したものの、友達を理由に反省する様子もない。お母さんは、ケンタさんが来るのを禁止にしたい。

3 もうすぐクリアするからあとちょっと

家に帰る時間じゃないの?

4 ゲームをする時間やお菓子を食べる量は、決めたよね?

ケンタがいれば、もう少しゲームができる!

もう遅いのに帰らないし、どうしてぜんぜん言うことを聞いてくれないの?

友達が遊びに来たときぐらい、別にいいじゃん!

カイがルールを破るのは、ケンタくんが原因。もうケンタくんには家に来てほしくない

# 我が家のルールは
どこまで適用されるの？

「誰を家に入れるか」は 原則として保護者の判断

法律は、管理者の意に反する住居などへの立ち入りを禁じていますから、一般的に、住居の管理者は、誰を入れるかを決めることができます。

そして、管理者は、その住居について事実上の支配・管理権を有する者ですから、基本的にはその住居に住む大人と考えてよいでしょう。

ですから、カイさんの家を管理する主体も、カイさんの保護者と考えられ、お母さんは、ケンタさんの自宅への立ち入りを禁止することができます。

ただ、この問題は、単にケンタさんの自宅への立ち入りを禁止すれば解決するわけではなさそうです。

親は子どもの自己決定権を どこまで制約できるか

カイさんには、自分のことを自分で決める権利 自己決定権➡P.30 がありますから、その意思は尊重されなければなりません。他方で、親には親権が

あり、「子の利益」になるように子を監護する義務があります。

「子の利益」には、当然ながら子の健康の管理・維持も含まれますから、子どもが自身の健康を害する場合は、その行動を制限することも可能です。

ただし、たとえば「お菓子をどのくらい食べるか」といったことは、個人差もありますし、何をもって「健康を害している」と判断するかも難しく、客観的な基準を明確に定めるのがやや難しい問題です。ゲームを行う時間なども同様です。

したがって、こうした個々の問題は、"我が家のルール"を定めていくしかありません。

条文を見る！

親権者
【民法第818条1項】

成年に達しない子は、父母の親権に服する。

監護及び教育の権利義務
【民法第820条】

親権を行う者は、子の利益のために子の監護及び教育をする権利を有し、義務を負う。

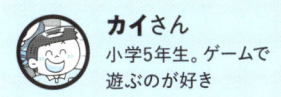 **カイさん**
小学5年生。ゲームで
遊ぶのが好き

 お母さん
ゲームやお菓子に制
限を設けている

 ケンタさん
カイさんの同級生で
よく一緒に遊ぶ

1章

家庭編

> **用語解説**
>
> ### 親権
>
> 　親権とは、未成年の子の面倒を見て教育をし、財産を管理する身分上・財産上の権利・義務のことで、父母に与えられます。
>
> 　親権者は、子の利益のために子の面倒を見て、教育を行います。また、子の人格を尊重し、年齢および発達の程度に配慮しなければならず、体罰など、子の心身の健全な発達に有害な影響をおよぼす言動をしてはならないとされています。

子どもの意見も反映したルール設定を

　"我が家のルール"を定めるにあたっては、「子の利益」にかなう限り、親権者が一方的に子に対して制約を加えることも可能です。お菓子を食べる量や時間帯、ゲームをする時間などであれば、よほど過度な制約でない限り、親が一方的に定める権限があるといえるでしょう。

　ただ、「権限がある」ことと、その権限を「有効に使う」こととは同じではありません。権限があるからといって、それを振りかざしても、結果として子どもが強く反発したり、保護者に隠れて"ダメと言われていること"をやっていたりしていたら意味がないからです。

　したがって、ルールを一方的に押しつけるのではなく、子どもとよく話し合い、子どもの意見を反映しながらルールを決めていくことが大切です。自分の意見が反映されたルールなら、子どもも守ろうとしやすいからです。

　また、"ルールを守れなかったときのルール（ペナルティなど）"についても、子ども自身に考えさせることが重要です。そうした保護者の姿勢は、子どもの自己決定権を尊重することにもつながります。

"我が家のルール"は友達にも適用できる？

　"我が家"で遊ぼうとする以上は、家の管理者である保護者が（子どもの意見を反映させながら）定めた"我が家のルール"を、ケンタさんにも守ってもらう必要があります。

　ただし、こちらもルールをただ振りかざすのではなく、ケンタさんに理解を求めることが大切です。

　ていねいに何度も説明し、何度も理解を求めたにもかかわらず、それでもルールを守ってくれず、その行動が目に余る場合は、最終手段として「我が家への立ち入りを禁ずる」という"権限"を発動させましょう。そういうときのための権限です。

　なお、家への立ち入り禁止の伝え方については、負担の少ない方法を選ぶのがよいでしょう。こうしたケースでは、「ケンタさんの保護者に報告する法的な義務」なども、とくにないと考えられます。カイさんが「家に友達を（ケンタさんに限らず誰でも）呼ぶのを禁止された」とケンタさんに伝えるなども一案ですし、お母さんが直接優しく伝えてもよいと思います。

Advice

ルールには"原則"と "例外"を設けよう

　"ルール"というと、画一的で例外をほぼ許さないイメージがありますが、そもそも法やルールは、個人を尊重するために存在します。ですから、ルールの内容自体を、例外を想定したものにしておく必要がありますし、実際の運用も状況に応じて柔軟に対応していくことが重要です。

　ですから、「いかなるときも、ゲームは1日1時間」などとはせず、「原則1日1時間。ただし、友達が家に来たときは2時間まで。なお、週に2回以上友達が来るときは、ゲームを始める前に親と話し合って、どのくらいの時間にするかを毎回決める」などと、幅をもたせた内容にしておくとよいでしょう。

　また、"ルールを守れなかったときのルール"も、厳しすぎるものにしないことが大切です。たとえば、ゲーム機を捨てるなど、あまりに厳しいペナルティは、実現の可能性が乏しいため、かえってルールが形だけのものになりかねないからです。

 **カイ**さん
小学5年生。ゲームで遊ぶのが好き

 お母さん
ゲームやお菓子に制限を設けている

 ケンタさん
カイさんの同級生でよく一緒に遊ぶ

 これも注目 **比例原則**

ルールを決める際に大切な考え方として"比例原則"があります。実現しようとする目的と、そのために制約される権利・利益の間につり合いを求める原則です。簡単にいえば「やりすぎはダメ」ということです。

この原則は、国民に刑事罰を科す際などにおいてはもちろん、国民の権利や自由を制約するすべての場面において、国や行政の活動に適用されます。

目的達成のために誰かの権利・利益を制約する場合は、それを必要最小限にとどめることがとても大切なのです。

 Q ペナルティを"やりすぎ"たら?

 A 「やりすぎた」ことを伝えて謝りましょう

子どもと接する際、大人側に常に心のゆとりがあるわけではありません。忙しさなどから心のゆとりを失って、つい過剰なペナルティを課してしまうこともあるでしょう。

そのようなときに、「親の威厳が失われる」などと、非を認めない姿勢を貫いてしまうのは避けた方がよいでしょう。

子どもが「自分より力(権限)のある人が行うことは、理不尽であっても受け入れなければならない」と学んでしまうからです。これは、裏を返せば「自分が力(権限)をもったら、相手に理不尽を強いてもよい」と学ぶことを意味します。

ですから、"やりすぎ"てしまった場合は、正直にその旨を子どもに伝えて謝罪し、なぜやりすぎてしまったのか、本来はどうあった方がよかったのかということまで話し合えるとよいでしょう。

そうすれば、子どもは、どんな人も失敗することがあること、失敗したときにも適切な振る舞い方があることなどを学べます。

どのようなものが"適切な振る舞い方"なのかは、ケースバイケースでとても難しいですが、その点も含めて子どもと一緒に学んでいけたらよりよいのではないでしょうか。

親が子どものことを SNS で公開する

母親が娘について SNS で投稿する

アカリさんのお母さんは、SNS でよく娘について投稿する。新しく買った服についてや「好きな子にクッキーを作ったけれど、大失敗！」といった内容で、ファッションが参考になる、エピソードがおもしろい、と評判でフォロワーも多い。

① その服、似合ってるね！

う、うん……

カシャ カシャ

かわいい写真だし投稿しよう！

親バカかもしれないけれど、娘のことは自慢したいフォロワーが増えているということは、それだけ私の投稿が人気があるって証拠！

やっぱり、またSNSに投稿するんだろうな……
いくら顔を隠しても、この投稿が私のことだって知っている人がいるから恥ずかしいんだけど

周囲に知られ、娘は投稿を嫌がるようになる

アカリさんの顔はスタンプなどで隠されているが、学校でもアカリさんについてだと知られており、話題にされることも。見られて構わない投稿もあるものの、知られると恥ずかしいものもあり、アカリさんはお母さんの投稿をよく思っていない。

 あの投稿が私のことって知っている人が増えたし、恥ずかしすぎるから、もう私のことをネタにしないでほしい

 否定的なコメントがあるわけじゃないし、恥ずかしがる必要はまったくないんだから、堂々としていればよいのに

# 親子間でもプライバシーを
尊重しないといけないの？

保護者の自己実現と他者の権利

娘のことを誇りたい、SNSのフォロワーに喜んでもらいたいというお母さんの気持ちは、法的に何の問題もありません 内心の自由→P.28 。むしろ、アカリさんやフォロワーの存在が心の支えとなり、お母さんの自己肯定や幸福感につながっているのでしょうから、その気持ち自体は大切にしてよいでしょう。

また、お母さんには表現の自由がありますから、SNSにおける表現も十分に尊重される必要があります。

しかし、お母さんの望みをかなえるための表現が他者の権利を害するのであれば、それは見直さねばなりません。

条文を見る！

表現の自由
【憲法第21条1項】

集会、結社及び言論、出版その他一切の表現の自由は、これを保障する。

尊重したい子どものプライバシー権

アカリさんには、みだりに私生活を公表されない権利としてのプライバシー権があります。近年は個人情報保護の意識なども高まり、自分の情報を自分でコントロールすることがとても重視されています。

ですから、たとえ保護者であっても、子どものプライバシーにかかわる情報を本人の同意なく勝手に公表することは原則としてできません。

プライベートで保護者が撮影した子どもの写真などは、子どもがどんな服を着てどのような場所に行ったなどの私的な情報を多く含んでいます。SNSでの公表は十分慎重になった方がよいといえますし、公表する際には、少なくとも、子ども本人の同意を得た方がよいでしょう。

この点、アカリさんは、お母さんが撮った写真のうち、どれがSNSで公表されるのかを知らされていません。お母さんの判断のみで写真が投稿されており、アカリさんのプライバシー権が十分に尊重されているとは言いがた

アカリさん
中学2年生。母が自分のことをSNSに投稿するのを嫌がっている

お母さん
娘のことを投稿するSNSには、フォロワーが5千人いる

1章

家庭編

い状況です。

　写真のほかにも、学校の成績や交友・交際関係、発育や体形に関することなど、本人が人に知られるのを嫌がりそうなこと、通常の一般人であれば公開を望まないであろう性質の情報は、本人の明確な同意がない限り、SNSで公表するのは控えましょう。

用語解説

プライバシー権

　プライバシー権とは、一般に、“私生活上の情報をみだりに公開されない権利”のことをいいます。日本では、ある政治家をモデルにした小説が、その政治家の私生活を暴露する内容であったとして裁判で争われたこと（『宴のあと』事件）がきっかけで注目され始めた権利です。以前は、プライバシーを公にすることができる媒体がおもに出版物やテレビなどのマスメディアであったこともあり、小説の題材になる人や著名人がその権利の侵害を争うことが多い傾向にありました。

　しかし、昨今は、SNSも発達し、誰もが個人で情報を発信できるようになりました。他者から自身のプライバシー権を侵害されるおそれも、反対に自分が誰かのプライバシー権

を侵害してしまう可能性もある、ということです。

　ですから、他者の私生活上の事実については、SNSにおいてとくに慎重に扱わなければならないのです。

子どもの"生きにくさ"につながっている

　お母さんのフォロワーの中にはアカリさん本人を知っている人たちもおり、そうした人たちがアカリさんに直接声をかけるなどしています。たとえ投稿写真の顔がスタンプなどで隠されていたとしても、もはや匿名性が確保されているとはいいがたく、アカリさんの生活に影響が出始めています。

　ですから、お母さんは、「恥ずかしがる必要はない」、「堂々としていればよい」などと言わず、アカリさんの声に真摯に耳を傾ける必要があります。

**親子間でもプライバシーを
尊重しないといけないの？**

大切なのは子どもの
真意に基づく"同意"

何を"よい"と思い、何を"嫌だ"と感じるかは人によっても、その時々の状況によっても変わります。自分を尊重し、相手も尊重するには、折にふれて話し合い、相手の気持ちや考えを確認していくことが大切です。

アカリさんは「もう私のことをネタにしないでほしい」と思っているわけですから、お母さんは、ただちにSNSの投稿のあり方を見直す必要があるでしょう。

他方で、アカリさんが「今後いっさいSNSで自分に言及してほしくない」とまで思っているか否かは、わかりません。内容によってはアカリさんに言及してもよい場合があるのかもしれません。

ですから、まずは、お母さんのSNSに関するアカリさんの意向を確認し、言及してもよい場合があるならば、「アカリさんに言及する際は、事前に投稿内容を確認してもらう」など、投稿のルールについて2人で話し合うのがよいでしょう。

いずれにしても、もっとも大切なのはアカリさんの意思、アカリさんの真意に基づく"同意"です。

 家族についてのSNS、
どんなことに注意する？

A 写真の悪用や居住区域の
特定にも注意が必要です

"子どもの身を守る"という視点から検討しておきたいのは、SNSの投稿の、①不特定多数の人が閲覧することができる、②投稿が拡散されると、容易には削除できない、という側面です。

投稿した写真が悪用されたり、なりすまし被害にあったり、居住区域を特定されて子どもが危険にさらされたりする可能性があることは、投稿前に十分に検討した方がよいでしょう。

そうしたトラブルは実際に多々あります。保護者自身がネットリテラシーを身につけることが、とても重要です。

用語解説

ネットリテラシー

ネットリテラシーは、正確にはインターネット・リテラシーといい、インターネットの情報などを正しく理解し、それを適切に判断・運用できる能力のことです。

インターネットを利用する際に

アカリさん
中学2年生。母が自分のことをSNSに投稿するのを嫌がっている

 お母さん
娘のことを投稿するSNSには、フォロワーが5千人いる

は、最低限のネットリテラシーやマナーを身につけておく必要があります。インターネットを使うことが当たり前になっていると、つい大人も忘れてしまうことがありますが、以下の点についても確認しておきましょう。

・インターネット社会でも、実生活と同じルールとマナーを守る。
・他人のプライバシーを尊重する。
・住所・氏名などの個人情報を入力する時は、十分注意する。
・ID・パスワードの管理を徹底する。
・他人のミスを大げさに指摘しない。
・メールを送る前に、内容をよく確認する。
・面と向かって言えないことは書かない。

参考：警視庁ホームページ

 これも注目　デジタルタトゥー

さまざまな表現を可能にするインターネットですが、負の側面があるのも事実です。

インターネット上で拡散された画像や動画、行動や発言などの情報が、本人の意思にかかわらず半永久的に残ってしまうことを「デジタルタトゥー」といいます。拡散された情報を完全に消去することがほぼ不可能であることを強調するため、入れ墨にたとえて「タトゥー」と表現しているのです。

"半永久的に"残るということは、その情報により、就職や結婚などの機会を失ったり、犯罪被害に遭ったりするなど、思わぬ深刻な被害が生じるおそれがあるということです。

そのため、「デジタルタトゥー」という言葉は、「安易な投稿が将来の自分を苦しめる」という意味合いで、おもに投稿を行う若者に対する注意喚起を目的として使われることが多いといえます。しかし、保護者による子どもに関する投稿も、子どもに与える影響や弊害は同じです。なぜそうした言葉が使われるのかを知ることも、ネットリテラシーを高める一歩になるでしょう。

親が子どもに無断で
部屋や持ち物を探る

母親が娘の新しいバッグに気づく

ある日、帰宅したミユさんが見覚えのないバッグを持っていることに、お母さんが気づく。どうやら、ミユさんのお小遣いだけでは買えないくらい高いバッグのよう。バッグについて質問すると「誕生日にもらった」との答えだが、どうも歯切れが悪い。

① コツ コツ

ねぇ、さっきのバッグってどうしたの？

あれは……
誕生日にもらったの

ちゃんと見えなかったけれど、ミユが前からほしがっていた3万円のバッグでは？
毎月のお小遣いが2千円の子どもに買えるはずないのに

前に「このバッグがほしい」って話したら、ぜいたくだって言ってたし。お小遣いをためて中古で買ったんだけど、ついごまかしちゃった

#高価な持ち物　　#べき論　　#内心の自由　　#疑わしい

#物証　　#客観的な証拠　　#オープンクエスチョン　　#司法面接

母親が娘の部屋を無断で調べる

どうしても気になったお母さんは、ミユさんの不在時に部屋を探った。すると、心配していたとおり、お小遣いで買うには高いバッグだとわかった。一方、ミユさんは帰宅すると、すぐにお母さんが部屋を勝手に探ったと気づいて抗議した。

 やっぱり、あのバッグでまちがいない。どうやって、3万円も用意したんだろう……

 いくらちゃんと説明しなかったからって、勝手に探るのはひどい

 そんなこと言ったって、お小遣いで買えそうにないものを持ってたら疑ってしまう……

 # 疑わしければ、親が子どもの同意なく調べてもよい？

親が子どもを疑うこと自体は "自由"

「親は自分の子どもを信じるべき」という "べき論" にとらわれてしまう保護者は、思いのほか多いと感じます。

しかし、私たちには "内心の自由" ➡P.28 が保障されています。心の中にとどまる限り、何を思っても "絶対的に" 自由なのです。心の中まで "べき論" にしばられる必要はありません。

疑わしいものは疑わしい。まずは、そうした自分の気持ちを正面から受け止めることが重要です。無理にフタをしようとすると、事実関係を正確に認識できないなど、かえって問題の解決を難しくしてしまう可能性があります。

「疑わしい」ときほど "尊重" が大切

「子どもが疑わしい」場合、保護者にはさまざまな選択肢があります。本人を問い詰めることもできますし、このケースのように無断で子どもの部屋を探ることも、ある程度は許されるで

しょう。保護者には、子どもの安全を守る義務がありますから、そうした目的で行われた行為に必要性・相当性などがあれば、違法となる可能性は低いといえます。

しかし、「違法とならない」からといって、何をしてもよいわけではありません。保護者が子どもを尊重する姿勢を失えば、子どもとの信頼関係も失われます。そうなれば、その「疑わしい」状況は悪化する可能性が高まるのです。

ですから、「子どもが疑わしい」状況であっても、子どもを尊重する姿勢は重要であり、以下に、そうした姿勢を保つために参考となる視点や考え方を解説します。

人証より物証、本人の供述は後

事案の真相を明らかにするため、真実を発見するための知の結晶といえるのが刑事手続であり刑事訴訟法です。刑事手続においては、捜査や公判の過程で誤りが入り込まないようにするため、えん罪を防ぐためにさまざまな工

ミユさん
中学3年生。お小遣いをためて、ほしかったバッグを買った

 お母さん
ミユさんがどうやってバッグを手に入れたのか心配している

夫が施されています。

　たとえば、目撃証言や本人の供述（"人証"といいます）は見まちがいや勘ちがいなどがありえます。これに対して、物証は、人の証言よりは誤りが入りにくいものです。したがって、物証は人証よりも、証拠としての価値が高いと評価される傾向にあります。このケースであれば、ミユさんの所持するバッグが証拠としてもっとも価値の高い物証ということになるでしょう。

　また、「人証と物証」という区別のほかにも、実際の裁判では、えん罪を防ぐ工夫として、被告人本人の供述や前科前歴の情報など（"乙号証"といいます）は、それ以外の物証や目撃証言などの証拠（"甲号証"といいます）よりも後に取り調べられることになっています。先に本人の供述などを見聞きしてしまうと、裁判官に先入観が生じて、事実を適切に見定められなくなるおそれがあるからです。そのため、できるだけ客観的な証拠から取り調べるようにしているのです。

　したがって、勝手な思い込みや勘ちがいを避けるためには、物などの客観的な証拠から検討し、本人に直接話を聞くのは後とするのが望ましい形です。ですから、まずはバッグを確認しようとしたお母さんの姿勢自体は理にかなったものといえます。

真実発見のためにやって良いこと・悪いこと

　刑事訴訟では、相手の人権を害するようなやり方で収集した証拠は、"違法収集証拠"として、刑事裁判の証拠にできないという法則があります。真実発見を理由に"何でもアリ"にしてしまうと、人権侵害や違法捜査が横行してしまうからです。

　もちろん、親子関係は、被疑者・被告人と捜査側との関係ではありませんから、この法則がただちに適用されるわけではありません。

　しかし、ミユさんの許可なく部屋を探るのは、ミユさんのプライバシーを著しく害します。何かあれば簡単に自分の部屋を探られるのであれば、ミユさんにとって家が安心できない場所になってしまいます。ミユさんとお母さんの信頼関係が失われる可能性も高いでしょう。

　また、ミユさんにやましいことがあ

る場合は、再び親に探られることがないよう、家以外の隠し場所や干渉されない場所を探す可能性が高まることにも注意が必要です。

そうなれば、親が把握できない“危険な事実”がどんどん増えていくことになります。そうした事態は避けなければなりません。したがって、「許可なく部屋を探る」などの子どもの権利を一方的に制約する行為は、さまざまな手段を試みた後の“最終手段”と位置づけることが重要です。

なお、子どもが犯罪に巻き込まれていることが明確な場合など、明らかに緊急性が高いときは、この限りではありません。

「疑わしい」ときほど落ち着く

強制的に部屋を探るのを最終手段と位置づけるならば、まずは相手の意思に任せる方法を考えることになります。つまり、ミユさんに「バッグを見せて」と頼むのです。このとき、「疑っている」という気持ちが外に出てしまっては警戒されます。「かわいいバ

ッグだから」など、警戒されない理由で、落ち着いた姿勢で質問するのがよいでしょう。また、その場でただちに問い詰めるようなこともNGです。“本人の供述は後”だからです。

まずは、汚れ具合なども含めてバッグの特徴を把握し、インターネットで相場を調べるなどの情報収集から始めるとよいでしょう。

👆 Advice

「話を聞く」姿勢を徹底して貫こう

家庭は法廷ではありませんので“尋問”は避けましょう。じつは、「同じ質問を繰り返す」や「一問一答で質問していく」などは、大人が子どもに圧力を加えてしまう典型的な質問の手法とされています。大人の圧力に負けて、子どもが自分から発する情報が少なくなってしまうのです。結果、正確な情報も得づらくなってしまいます。

大事なことを知りたい場面であればあるほど、子どもがリラックスして話せる環境を整え、オープンクエスチョンから始めることが重要です。オープンクエスチョンとは、「どう感じますか？」「何が好きですか？」などの、相手が自由に答えられる質問方法をい

ミユさん
中学3年生。お小遣いをためて、ほしかったバッグを買った

お母さん
ミユさんがどうやってバッグを手に入れたのか心配している

1章

家庭編

います。他方、「楽しいですか？」「これが好きですか？」など、相手が「はい」や「いいえ」で答える質問方法をクローズドクエスチョンといいます。

　このケースであれば、「この前の誕生日のことを教えて」などの"大きな質問"から入っていくのがよいでしょう。広く話を聞いてから、少しずつ「誰がお祝いしてくれたの？」、「何人くらいその場にいたの？」、「どうして友達はこのバッグを選んでくれたの？」、「いくらくらいするものか知ってる？」など、徐々に核心にふれていきましょう。"広くから狭く"が基本です。自分よりも、子どもが話している時間の方が長くなるよう意識しましょう。

　このケースでは、「ミユさんは、お小遣いをためて、中古でバッグを購入した」というのが真相のようです。お母さんがミユさんの話を遮ったりせず、徹底して「話を聞く」姿勢を貫けば、少しずつミユさんは本当のことを話してくれるのではないでしょうか。

これも注目　司法面接

　司法面接は、刑事裁判の証拠として使用できるほど精度の高い供述を得ることを目的とした面接のことをいいます。子どもから証言を得る際などに児童相談所や検察官などが用いる面接手法です。子どもの場合、大人の態度に大きな影響を受けて、証言を変えてしまいます。たとえば、「あの人にたたかれたのね？」などと、大人から何度も同じことを聞かれれば、たたかれていなくても「うん」と言ってしまうことなどがありえます。

　司法面接では、このように大人の影響で子どもの証言内容が変わってしまうことや、子どもの精神的な負担を回避するため、「大人のどのような態度や聴取方法が子どもに圧力を加えてしまうのか」ということが詳細に研究されています。

　具体的な面接方法は、プロフェッショナルでなければ容易に再現できませんが、「なぜそうした手法を採用するのか（どうして"普通に"質問してはいけないのか）」という理由だけでも調べてみると、子どもとのかかわり方の参考になると思います。

学校を休みたがるが ズル休みを疑ってしまう

息子が体調不良を理由に休みたがる

最近、ヒロトさんは朝になると頭やお腹が痛いと言い、学校を休みたがる。お母さんは、学校でいじめなどのトラブルに巻き込まれているのではと心配する一方、日中は元気に遊んでいるヒロトさんを見ると「仮病なのかな……？」とも思ってしまう。

 今日は学校を休みたいな

 あれ？　お腹が痛かったけど、治まったな

 先週も同じようなことを言って休んだばかり。学校に行きたくない理由があるのでは？

 お腹が痛いからって休んだのに、ケロッとして遊んでるなんて、仮病なんじゃ……

父親は「行かせた方がよい」と言うが……

お父さんに相談すると、学校に行かせた方がよいと言う。簡単に学校を休むと怠けグセがつき、ヒロトさんの将来にとってよくないと考えるからだ。また、子どもを学校に行かせるのは親の義務だとも考えており、お母さんは悩んでしまう。

 仮病だとしたら、休みたい理由を言わないのは、重大な理由だからこそなのでは。安易に「学校に行きなさい」と言わない方がよい気がする

 体調不良は心配だが、日中は元気みたいだし、行けるなら学校には行かせないと子どもをきちんと学校に行かせるのも親の義務だよ

# 子どもを学校に行かせるのは親の義務なの？

子どもに"学校に行く義務"はある？

日本国憲法第26条1項は、子どもの教育を受ける権利を保障しています。この権利を学習権などと呼ぶこともあります。これは文字どおり、子どもの権利であり、義務ではありません。ですから、"学校に行く義務"は、子どもにはありません。

むしろ、同条は2項において、大人に対し、子どもに"教育を受けさせる義務"を課しています。大人が環境を整えないと、子どもは学習する機会を得られないからです。

なお、ここでいう大人とは、基本的には保護者（親権者）を指していますが、教育制度を維持し、教育条件を整備する義務を負うという意味では国も含まれます。そうした理由から、教育基本法や学校教育法などが定められ、小・中学校の義務教育を中心とする教育制度が設けられているのです。

条文を見る！

教育を受ける権利
【憲法第26条1項】

すべて国民は、法律の定めるところにより、その能力に応じて、ひとしく教育を受ける権利を有する。

教育を受けさせる義務
【憲法第26条2項】

すべて国民は、法律の定めるところにより、その保護する子女に普通教育を受けさせる義務を負ふ。義務教育は、これを無償とする。

保護者には"学校に行かせる義務"がある？

保護者の"教育を受けさせる義務"を法律によって具体化したものが学校教育法第16条、第17条です。これらは、いわゆる就学義務を定め、保護者に対し、子どもを小学校および中学校に通わせる義務を課しています。

ただし、この義務は、「子どもが学校に行こうとするのを邪魔してはならない」（労働を強要するなどして、学校で学ぶ機会を奪ってはならない）と

ヒロトさん
最近、体調不良で学校を欠席しがち

お母さん
学校を休ませてよいか悩んでいる

お父さん
学校には行かせるべきと考えている

1章

家庭編

いう趣旨であり、「嫌がる子どもを無理やりにでも学校に行かせなければならない」ということではありません。お父さんは、この点を誤解しているようです。

条文を見る！

**普通教育を受けさせる義務
【学校教育法第16条】**

保護者（子に対して親権を行う者（親権を行う者のないときは、未成年後見人）をいう。以下同じ。）は、次条に定めるところにより、子に9年の普通教育を受けさせる義務を負う。

【学校教育法第17条1号】

保護者は、子の満6歳に達した日の翌日以後における最初の学年の初めから、満12歳に達した日の属する学年の終わりまで、これを小学校、義務教育学校の前期課程又は特別支援学校の小学部に就学させる義務を負う。ただし、子が、満12歳に達した日の属する学年の終わりまでに小学校の課程、義務教育学校の前期課程又は特別支援学校の小学部の課程を修了しないときは、満15歳に達した日の属する学年の終わり（それまでの間においてこれらの課程を修了したときは、その修了した日の属する学年の終わり）までとする。

【学校教育法第17条2号】

保護者は、子が小学校の課程、義務教育学校の前期課程又は特別支援学校の小学部の課程を修了した日の翌日以後における最初の学年の初めから、満15歳に達した日の属する学年の終わりまで、これを中学校、義務教育学校の後期課程、中等教育学校の前期課程又は特別支援学校の中学部に就学させる義務を負う。

**身体症状は、
ストレスのサイン**

近年は、不登校（病気や経済的理由以外の何かしらの理由で登校できず、年間30日以上欠席すること）が増えており、"学校"という枠組みに息苦しさを覚える子どもたちは決して少なくありません。多くの子どもたちにとって学校がストレスになってしまっているのです。

そして、ストレスは、頭痛や腹痛、不眠などの身体症状を引き起こすといわれています。これは、子どもに限らず、大人にもあることです。ハラスメント事件などでも、会社がストレスに

なり、大人も心身の健康を害します。ただ、会社を休んだ日などは、ストレス源から精神的・物理的に距離を取ることができるため、比較的元気になることがあります。

ですから、朝、腹痛や頭痛を訴えたヒロトさんが昼ごろに元気になっていること自体は“ありうること”であり、安易に仮病を疑うのは得策ではありません。

むしろ、身体症状として出ているヒロトさんからの大事なサインを見逃し、その心身の回復を遅らせるだけでなく、すでに追い詰められているヒロトさんをさらに追い詰めるおそれもあるので注意が必要です。

保護者は子どもを尊重してOK

保護者の多くは、“学校”という枠組みの中で教育を受けてきたため、自分の子どもがその枠組みから外れそうになると、どうしても不安になってしまいます。

そのため、保護者は「学校を休ませる」という選択に抵抗を覚えがちです。

しかし、登校前に体調不良を訴えるなどの様子は、学校が子どものストレスになっている兆候の一つです。

ですから、まずは落ち着いて子どもの話に耳を傾け、その意思を尊重しましょう。

情報に振り回されないようにしよう

“子どもの不登校”という事実は、保護者を非常に不安にさせます。そのため、保護者が焦って、インターネット上などにあふれるさまざまな情報に飛びついてしまう例も多く見られます。“学校に行かせられた成功事例”や“良いフリースクール”などを発見し、子どもの時間を少しでも「無駄にするまい」と、どんどん前に進もうとしてしまうのです。

しかし、そうした保護者の行動は、「あなたは今、大切な時間を無駄にしていますよ」という子どもへのメッセージとなっている可能性があります。前に進もうとする保護者の姿勢自体が、子どもをさらに追い詰めるおそれがあるのです。

もちろん、不安になること、焦ること自体は自然であり、それが内心にとどまる限りは“自由”です。そうした不

ヒロトさん
最近、体調不良で学校を欠席しがち

お母さん
学校を休ませてよいか悩んでいる

お父さん
学校には行かせるべきと考えている

安や焦りを無理に否定する必要もありません（内心の自由➡P.28）。

しかし、もっとも大切であり、保護者自身も望んでいるであろうことは、子どもの"最善の利益"の実現です。子どもが心身の健康を取り戻し、自分らしく生活できるようになることです。

そのためには、保護者が自身の焦燥感や世間の情報に振り回されるのではなく、目の前にいる子どもと向き合い、尊重することを最優先させることが重要です。

Q 学校のほかにも教育の場ってあるの？

A 学校以外の選択肢が増えつつあります

「学校でなければ学べない」という状況では、不登校などの子どもたちの教育の機会は失われてしまいます。そのため、2017年に義務教育の段階における普通教育に相当する教育の機会の確保等に関する法律（通称「教育機会確保法」）が施行され、不登校などの子どもたちが安心して学べるよう、さまざまな環境的支援や配慮が行われるようになりました。

学校以外でも教育の機会を得られるよう、フリースクールや教育支援センターなどとの連携も図られています。また、「教室に戻す」ことだけを目標にするのではなく、別室登校や保健室登校を認めたり、カウンセラーなどの専門家と連携を図ったりすることなども重視されるようになりました。

近年、不登校の子どもたちの数が増加傾向にあることもあり、すべての問題を解決できるほど環境整備が進んでいるとは言いがたいようです。しかし、「子どもを教室に戻すべき」といった固定観念は少しずつ失われ、本人の意思を尊重したさまざまな選択肢、環境整備が進められています。保護者も「教室に戻すべき」という固定観念から少し距離を取ってみると、不安が減っていくかもしれません。

不登校の5つのプロセス

須永祐慈（NPO 法人ストップいじめ！ナビ　副代表理事・事務局長）

ここでは、不登校の経験者であり、現在は不登校の子どものサポートや大学で不登校の子どもを支援する人に向けた講座を担当している須永氏に、原稿をお寄せいただきました。

不登校ってどういう状態？

お子さんが不登校になると「出口の見えないトンネル」にいるかのように感じられることはないでしょうか。少しでも元気を取り戻してほしいと考え、子どもが何に苦しんでいるのかを手探りし、対応方法に悩み、勉強や進級、進学、就職は……と心配になる。不安を挙げたらキリがありません。

しかし、不安を募らせるばかりでは、目の前の子どもは落ち着くことができません。何らかの対応がなければ二重・三重の「重荷」を背負う可能性さえあります。

私は小学校4年生からいじめを受け不登校を経験し、その後不登校当事者や保護者とのつながりを重ねながら、不登校について理解を深めてきました。それらの経験から見えるのは、適切な対応をするには、子どもの状態をていねいに把握することが大切ということです。そのために必要な「5つのプロセス」を紹介しますので、目の前にいる子どもの状況を把握するための参考になれば幸いです。

❶ 直後の傷ついた状態

子どもが"突然"学校に行けなくなる・行かなくなる最初のきっかけは、朝起きられない、夜眠れない、腹痛、頭痛、だるい、落ち着かない、話さない、怒り出す、パニックなどさまざまです。

ここで1番の注目点は、子どもが「学校に行かない」時点で、多くの子が傷つき、大変な疲労を抱えた状態だということです。行かない理由がある・ないにかかわらず、どんな子でもストレスを日に日に抱え、ため、限界に達したからこそ、体が動かなくなるのです。この時点で「子どもの緊急事態だ」と気づく必要があります。

優先したいのは「安全と休養」。「傷つく場所」から距離を取り、安心して眠れる状況、栄養を取れる場所を確保する。これ以上、無理をしなくてよい環境を作ることが必要です。本人自らが不登校という行動を通してこれらの危機を回避して安全を確保する行動を取っているともいえます。

❷ 葛藤状態

次の状態は「学校に行かなくなった。さあ、どうしよう」という先の見えない状態ではないでしょうか。行くべきだけど行けない、行けない自分はダメだ……。そういう子どもを目の前にして親も一緒に葛藤する時期です。ここでついつい「この子を元に戻すには」と周囲は考えがちですが、「元に戻そうとする」こと自体、子どもがより苦痛や葛藤を深めることにつながるように思います。

この時期、子どもの状態は不安材料がいっぱいです。夜眠れない、逆に寝すぎる、頭痛・腹痛などの体調不良、だるい・起き上がれない、不安感、ゲームやネットへの没頭、昼夜逆転、髪を切らない、風呂に入らない、一日中ゴロゴロする、などが見られがちです。起立性調節障害のような症状ともいえるかもしれません。私も、疲労で2〜3か月は寝て過ごし、その後は昼夜逆転の生活に突入しました。

周りには一見、怠け始めたのではないか？と思われる状態ですが、当事者にとって大事なプロセスだと私は考えます。なぜならこの時期の葛藤や苦しみ、抱えているストレスを吐き出さなければ、押しつぶされてしまうぐらいの状態だからです。学校に行かない罪悪感などの感情が湧き出るのもこの時期で、上記に挙げた行動は、不安をまぎらわすための行為でもあるのです。

とはいえ周囲は不安です。ネット上の情報にすがりたくなる気持ちは理解できますが、ネットで得られた限定的なノウハウを試したとしても一時的な変化で終わることも多くあります。やはりここは中・長期的に考え、子どもだけでなく保護者はもちろん先生など大人の生き方・価値観も問われているといった、とらえ直しも必要です。外からの情報にとらわれすぎず、目の前にいる子どもにまず寄り添い、耳をすますことに重点をおきたいところです。

❸ 受け入れる状態

不眠、頭痛、昼夜逆転などが継続し、こう着状態ともなると、周りのモヤモヤが募りますが、一方、本人にとっては、その状態こそが変化の過程ともいえます。なぜなら、一見怠けているような生活でも、継続した状態ならば、強い不安を回避すること

ができ、穏やかに過ごす時間が確保できるからです。

そんな日常の中で、何気なく親子で会話したりペットとたわむれたり、散歩や趣味を始めるなどの過ごし方ができれば、ようやく「学校に行かない・行けない状態」を受け入れられる時期になったともいえます。少しだけ心の余裕も出てくるのです。

また保護者は「親の会」など、外とのつながりを深めることができる時期でもあります。「不安があるのは自分だけではない」ことを知り、対応方法やさまざまな知恵が得られることで、親自身のストレスが緩和されることにつながります。親の方の力が抜ければ、本人の小さな変化もさらに見えてくるかもしれません。ただ少し余裕が出てくると、欲張って次のステップを考えがちなのですが……。焦りは無駄とは言い切れませんが、子どもにとってはその行動が振り出しに戻るようなことにもなりかねないので、慎重さも大事です。

❹ 新生活への踏み出し

自宅など安心した場所で過ごせる日常が作れると、外に出る機会も出てきます。そこでフリースクールなどに通い始める場合

もありますが、過度な期待は禁物。外の世界でも不安と葛藤の中にいるわけで、再び自宅にひきこもることもよくあります。ですから、基本的には葛藤状態のときと変わらない、安心できる環境を用意することが大切です。

外とのかかわり方はいろいろですが、きっかけが生まれやすい環境作りは大事にしたいところです。たとえば家で料理していたとして、食材を切るのが楽しいと思ったり、できたものがおいしいと感じたりする瞬間があったら、それは一つのプラスな材料です。意図せず偶発的に何かをすることに楽しさを感じる。そういう日常になることに意味があると思います。

私はフリースクールに行くことで新たな生活が開けましたが、それでも初めは緊張の連続で、行ったり行けなかったりをしばらく繰り返していました。少しずつ慣れていくと、ようやくその子にとって外の場所が「日常の場所」になり、「自らの関心を広げていいんだ」と思えてくる。定着するには何年もかかります。だから外とのかかわりが出てきたときこそ、これまでの環境（自宅にいる環境）が確保されていることは大事なのです。

新たに踏み出すことは、本人のリズムを尊重しゆっくり探る。揺らぐことも含めて、それがちょうどよいペースと考えることがよいのではないでしょうか。

❺ 新たな生活が日常になる

学校外の居場所や新たな学びの形を見つけたり、もしくは学校に復帰したりするなど、新たなかかわりができて、それが日常になっていくと、ようやくトンネルから抜け出したと思えるようになるかもしれません。

しかし新たな場所でも人との関係や、環境の変化など、さまざまな出来事にとまどうことはもちろんありますし、再びひきこもり気味になる場合もあります。ですがこれまでのプロセスで経験したことを否定せず大事にできたならば、多少の困難も乗り越えられると思います。悩みごとがあっても、深いダメージにならず回避できたら、自信にもつながります。なぜなら、悩みや葛藤に向き合ってきたことが、その人の人生のスキルになっているからです。

大事なことと注意したいこと

「不登校の5つのプロセス」は、必ずしも「1➡5」と一方向のステップが正しいわけでもなく、「5」がゴールでもありません。なぜなら人はそもそも多様で、経るプロセスも複雑だからです。ここで解説した「不登校の5つのプロセス」は、大人や周囲がこのようなプロセスの大枠を知ることで、子どもを理解し、寄り添っていくためのヒントとして役立てていただけると幸いです。

人はそもそも、進んだり後退したり、揺らぎながら生きるもの。プロセスにある新たな生活が日常になっても、さらに人生は続きます。不登校の葛藤は、この先の人生をよりよく生きるために「木の根」を土壌に伸ばし、栄養を蓄えるための大事な時期としてとらえていただけるとよいのかなと思います。

心構え3か条

❶ 保護者や先生こそ
「焦らず落ち着いて」
❷ 子どもを〈元に戻そう〉としない
❸ 自分の中にある価値観と
向き合ってみよう

2章

学校編

子ども同士のいじめや、教員による行きすぎた指導など、学校におけるさまざまなトラブル。問題を解決するには、子どもの現状をていねいに説明し、要望を"具体的に"相手側や学校側に伝えていくことが重要です。

学校で起こりやすい 「集団」と「個」の対立

　近年の学校では、個別最適な学び、協同的な学びが重視され、子どもたち一人ひとりを尊重しようという機運が高まっています。とはいえ、学校が「集団生活を学ぶ場」であることには変わりなく、「集団」と「個」の利益の対立が起きやすいことはまちがいないでしょう。

　そこで、注意しておかなければならないのは、「集団としての"正しさ"」の方が「個の利益」や「個人を尊重すること」よりも優先されるケースがどうしても生じてしまう、ということです。極端な例を挙げれば、部活などで"ボールの片づけが不完全だったことのペナルティ"として、先輩たちが後輩に"腹筋100回"を命じるようなことも起こりえます。

　こうしたことを「おかしい」と感じる感受性は、集団に入り込めば入り込むほど失われがちですから、集団の外にいる保護者がその「おかしさ」に気づけることは、子どもにとって大きなアドバンテージです。

　もちろん、子どもの意思は十分に尊重されなければならないので、保護者が安易に介入してよいわけではありません。しかし、それがなぜ「おかしい」のか、変えることはできるのか、できるとすればどうするのか、どのような環境に身を置くことが大切なのか、といったことを家庭で話し合うことはとても重要です。

　「集団」と「個」の利益の対立で思い悩んだときは、法的思考がきっと役に立つでしょう。法には、「みんなが何となく感じていること」を言葉にする力があります。法を学ぶことで、大きなヒントを得られるはずです。

加害者になる
確率の方が高い !?

　先の「腹筋100回を課す部活の例」を、自分の子どもが"どちら側"だと思ってお読みになったでしょうか。先輩たち側でしょうか？　後輩側でしょうか？　保護者のみなさんは、多くの場合、自分の子どもが"被害者"になることを心配し、想定しています。

　しかし、「集団」と「個」が対立するケースでは、当然ながら、集団の人数の方が多いのです。自分の子どもが「集団側に属する確率の方が高い」ことを忘れてはいけません。

　「いじめ」の問題も、多くの場合、複数名で一人に対して行われます。ですから、どちらになる確率が高いかといえば、加害者側になる確率の方が高いと考えられるのです。

　とくに、2013年にいじめ防止対策推進法（以下、「いじめ防止法」といいます）が施行され、いじめの早期発見・重大化防止が重視され始めてから、軽微な行為でも「いじめ」に該当するようになりました。

　そのため、「この程度のことを『いじめ』と言って、ウチの子を加害者呼ばわりするのか！　むしろ、ウチの子は被害者だ！」といった保護者からの学校に対する訴えがとても増えています。先生方が子どもたちのトラブルを初期段階の"小さいうち"に発見し、解決に努めようとすればするほど、保護者からの訴えが増えるという悪循環が起きてしまっているのです。だからこそ、保護者が知っておきたいこと、気をつけたいことがあります。

「いじめ」などの言葉に
過剰に反応しない

　自分の子どもが法律上の「いじめ」を行った場合、その問題が"ごく小さいうち"であれば、違法性も高くはありません。民法上の不法行為責任を負うようなこともないでしょう。「いじめっ子のレッテルを貼られた！」などと神経質になる必要性は、客観的にはほぼありません。真摯に謝罪し、態度を改めたり、相手と話し合ったりすることで解決する場合がほとんどです。保護者の介入により、かえって問題解決を難しくするような事態だけは避けたいものです。

　そのためには、まず、「いじめ」「被害者」「加害者」という言葉に過剰反応しないことが大切です。いじめ防止法は、文字どおり、いじめを防止するための法律ですから、学校は、たとえささいと思えるような行為であっても「いじめ」ととらえて対応する必要があります。そのため、学校による「いじめ」の指摘が、深刻な行為を指していないことも多々あります。まずは落ち着いて、「何が起きたのか」という"事実"をていねいに確認しましょう。

　とくに、「加害者」と指摘された場合は子どもの言い分をすぐには鵜呑みにしない方が安心です。私たち大人も過去に経験があるように、子どもは自分にとって都合の悪いことを、ただちに正直に大人に話したりはしないからです。

　もちろん、子どもをサポートすることは大切です。学校が把握できていない事実もあるでしょう。そうしたことをていねいに学校に伝えること自体はまったく問題ありません。それと同じくらい、学校側の指摘にも耳を貸す姿勢と、心のゆとりが大切なのです。

解決には学校の
“協力”が不可欠

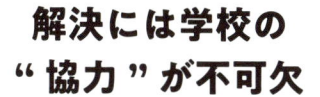

　学校の中で起きる「いじめ」に保護者が介入できる範囲は限られています。ずっと子どもにつき添うわけにもいきません。子どもの学校生活を守るためには、学校の協力は不可欠です。

　ですから、子どもが「被害者」であっても「加害者」であっても、“べき論”を振りかざして学校を圧迫するようなことはなるべく避けましょう。「早くこの状況を何とかして！　学校には対応義務があるでしょう！　対応が遅すぎる！」などと一方的に主張してしまっては、学校側も困惑しますし、状況改善に向けた建設的な議論もできません。

　子どもの現状をていねいに説明し、要望を“具体的に”伝えていくことがとても大切です。そうすれば、学校は、対応できること、できないことをそれぞれ説明するでしょう。また逆に、家庭にお願いしたいことなどについても説明するはずです。そうやって、協力関係を築いていくことが非常に重要なのです。

　なお、どうしても協力関係を築けない「不適切対応を行う学校」も、残念ながら存在するようです。そのような場合は、学校と争うという選択もありえます。ただし、これは本当に最終手段です。何度も述べるとおり、学校に協力してもらわない限り、子どもの安全な学校生活は確保できないからです。

　なお、学校と争うことを検討する際は、いじめ問題にくわしい弁護士に相談してみましょう。

本人の意に沿わない あだ名で呼ばれる

体形に関連するあだ名で呼ばれる

ふくよかな体形のリキさんのあだ名は"おかわりくん"で、女の子からは「かわいい」などと言われることもある。愛嬌があるニックネームとして、本人は好意的に受け止めているが、お父さんは、からかわれているのではと気になっている。

 お父さんは、あだ名を気にするけど、女子から好意的に呼ばれるし、「かわいい」と言われたりしてうれしい。だから、"おかわりくん"は嫌じゃない

 "いじられキャラ"といえば聞こえがよいが、体形に関するようなあだ名は、単にからかわれたり、見下されているだけじゃないのかが不安

あだ名のニュアンスが変わる

ある給食の時間、クラスメイトがリキさんに「おい、おかわり！　そんなに食べるからデブなんだ！」と言い出した。ほかの子も笑いながら、からかうセリフを口にした。以来、男子数名がリキさんを"おかわり"と呼び捨てするようになる。

②

おい、おかわり！
そんなに食べるから
デブなんだ！

リキは、たくさん食べて
デブじゃなきゃ！
だって "おかわりくん" だろ！

リキは"おかわりくん"って呼ばれて怒ってないし、これくらいは"いじり"だから大丈夫だよな！

"くん"なしで"おかわり"と呼ばれるのは、嫌だな
"デブ"という言葉にも傷つくし、
"デブ"という意味で"おかわりくん"と呼ばれることも悲しい

あだ名を決めるのは誰？
嫌になったら拒否してよい？

自分の"呼ばれ方"を決めるのは自分

　私たちには自分で自分のことを決定する権利があります　自己決定権➡P.30 。自分の"呼ばれ方"についても、この自己決定権の問題と考えることができるでしょう。

　その"呼ばれ方"を受け入れるか受け入れないかは、呼ばれる本人が決めてよいのです。もちろん、嫌なあだ名にNOと言うこともためらう必要はありません。

大切なのは相手の"同意"

　「あだ名をつける」という言葉もあるように、あだ名は自分以外の誰かが決めるものというイメージがあります。

　そのため、とくに子どもたちの間では、勝手に相手にあだ名をつけて勝手に呼び始めてしまうことが起こりがちです。

　しかし、そもそも、あだ名は、相手と心の距離を縮め、コミュニケーションを円滑にするためにつけるものです。ですから、相手の意思を尊重することが大前提です。

　呼びたいあだ名が思いついたら、そのあだ名で呼んでよいか、あらかじめ相手の"同意"を得ることが大切です。

用語解説
同意

　同意とは、他人の行為に賛成の意思を表示することをいいます。相手の権利に制約を加える可能性があるなど、何らかの影響がある行為を行うときは、事前に相手の同意を得る必要があります。ていねいな意思確認は、相手を尊重することにつながります。

同意する内容や相手は自分で決められる

　リキさんは、「誰が"おかわりくん"と呼ぶか」、また「どのような意味合いでそう呼ぶのか」を自分で決めることができます。

　現状、リキさんは、女子たちから、かわいい・愛嬌（あいきょう）があるなどの良い意味

リキさん
ぽっちゃり体形で、友達からは"おかわりくん"とあだ名で呼ばれる

 お父さん
息子が体形に関するあだ名で呼ばれるのを心配している

で"おかわりくん"と呼ばれることを「うれしい」などと思っており、本心から受け入れています。

　ですから、リキさんは、女子たちという特定の人が"おかわりくん"と呼ぶ行為について、いずれも同意しているといえるでしょう。

　しかし、そうした良い意味合いで呼ばない人たちに対してまで、あだ名で呼ぶことを同意する必要はありません。"おかわりくん"ではなく"おかわり"と勝手に"くん"を省略する呼び方であれば、なおさらです。

　ですから、からかってくる男子数名に対しては、NOと言うことができますし、しっかりとNOを伝えていくことが重要です。

嫌なあだ名と「いじめ」

　お父さんは、リキさんのあだ名を心配していますが、リキさんが同意している内容や相手については、リキさんの気持ちを尊重するのがよいでしょう。

　他方、男子数名の振る舞いは、リキさんに「心身の苦痛」を与えていると

いえるため、法律上の「いじめ」にあたります。ですから、お父さんは、リキさんとよく話し合った上で、学校に相談するなど、対応を検討していくことになります →P.76 。

何も言わない＝受け入れている？

　このケースでは、リキさんの気持ちが書かれていますから、女子たちからあだ名で呼ばれることを「本心から受け入れている」、男子たちの言動は「受け入れていない」と判断できます。しかし、実際は、人の本心は非常にわかりにくいものです。

　そのため、たとえばリキさん自身や保護者が男子たちの行為を問題視した際などに、彼らから「リキさんは今日まで自分たちの呼び方に何も言わなかった。受け入れていたはずだ！」といった反論がなされる可能性があります。

　つまり、「"黙示の同意（承諾）"があった」という主張です。黙示の同意（承諾）とは、明確にYESと表明していない場合であっても、沈黙そのものや言動などからYESと表明していると

みなす考え方です。

事実、リキさんは、女子たちにも明確にYESとは言っていません。しかし、その言動を受け入れています。ですから、女子たちの言動に対しては、黙示の同意があるといえます。

もちろん、だからといって男子たちの言動に対してまで自動的に黙示の同意があることになるわけではありません。同意はあくまで人ごとに判断されることが重要だからです。

ですから、もし男子たちがこのような自分たちを正当化する主張をしてきたら、臆することなく、"おかわり"と呼ばれるのをリキさんがずっと嫌がっていること、すぐにそう呼ぶのをやめてほしいことなどを伝えることが大切です。

"NO"と言えるように 練習しよう

呼ばれ方を決めるのは呼ばれる本人ですから、本人が「嫌だ。やめてほしい」と言っているにもかかわらず、「いや、受け入れているはずだ（黙示の同意があるはずだ）」などと反論するのは筋ちがいです。しかし、過去の

ことについては、反論が難しくなることがあります。「嫌だった」との主張に対し、「確かに"今は"嫌なのかもしれないけれど、当時は受け入れていたよね？（だから謝らないよ）」という主張は、理屈としては成立しうるからです。そんな態度に出た相手に「嫌だった」ことを説明するのは、非常に骨の折れる作業です。結果として聞き入れられない場合もあるでしょう。

つまり、"その場でNOと言わないこと"は、そうした"嫌な反論"を招くリスクがあるということです。

NOと言うのはとても勇気が必要になりますが、だからこそ、日ごろから親子で"相手にNOと上手に伝える方法"などを話し合ったり、練習したりしておくと安心です。

なお、もし相手との関係性からNOと言うのが困難だったり、言ってもやめなかったりする場合は、早めに学校に相談しましょう。把握している状況を冷静に伝え、学校ができること、家庭でできることを確認し合い、協力し合うことが大切です。

また、反対に「相手が明確に"NO"と言っていないからといって、勝手に"YES"と決めつけるような心ない態度は取らない」ことも折にふれて家庭で確認できると、とてもよい取り組みとなります。

リキさん
ぽっちゃり体形で、友達からは“おかわりくん”とあだ名で呼ばれる

 お父さん
息子が体形に関するあだ名で呼ばれるのを心配している

 Q “あだ名の禁止”はどうとらえたらよい？

 A 子どもの権利を制約するため、慎重な検討が必要です

　近年、“あだ名を禁止”とする学校が増えているといわれています。

　それが、このケースの“おかわりくん”のようなものだけを禁止する趣旨なのか、それとも“西野さん”を“にっしー”と呼ぶようなものまで禁止するのかによって、その意味合いは多少異なるかもしれません。ただ、いずれにしても子どもの権利を制約するものとはいえるでしょう。

　呼ばれる側にとっては、好きな呼ばれ方を自分で決める（友達がつけたあだ名に同意する場合も含む）という意味での自己決定権が制約されます。また、呼ぶ側にとってあだ名は、親愛の情を表す手段の一つですから、本来、相手の同意を得られる範囲で許されるはずの表現の自由が制約されます。

　ですから、「トラブルを避けたいから」という理由だけで大人が安易に制約するのは少し危険です。子どもが「自分の権利は簡単に制約されてもよい程度の軽いもの」と学んでしまうおそれがあるからです。

　他方で教育の現場は、教育のプロが判断して運営していかなければならない専門性の高い場であることも確かです。どのような場面でも絶対に禁止してはいけない、などということはありません。

　ですから、禁止する場合は、禁止の条件をあらかじめ明確にしたり、期間を区切ったりするなど、子どもたちの権利に対する制約を最小限にとどめる工夫が必要となるでしょう。その上で、「本来は簡単に制約してよいものではないが、やむにやまれぬ状況だから必要最小限の制約を加える」ことを子どもたちがしっかりと理解できるようにすることが理想的です。

2章　学校編

いじめ問題で気をつけること

(**保護者の心構えがとても大切**)

　私は、学校からの相談や、いじめ重大事態第三者委員会委員の経験を通して、これまで数多くの解決困難事例を見てきました。いじめの問題は、どうしても保護者同士の感情的な対立が激しくなってしまいます。そうなると、"解決"に至るのは至難の業となります。

　だからこそ、万が一の際に、感情的な対立をなるべく抑えられるよう、日ごろから保護者がいじめ問題に対する共通認識を備えておくことが非常に大切です。すべてを挙げることは難しいのですが、おもな心構えには、以下のようなものがあります。

●「子ども第一」を忘れない

　いじめ問題に直面すると、どのような立場であれ、保護者は不安になってしまいます。しかし、もっとも不安で、精神的な負担が大きいのは子どもです。子ども自身の要望や、子どもが安心して学校に通えることなどを重視して考えましょう。

●「いじめ」という言葉に振り回されない

　本文でもふれましたが、いじめ防止法により、「いじめ」の定義は、保護者が子どもだった時代とは変わっています。この法律は、「いじめ」の早期発見・重大化防止を目的とする法であり、加害者を罰する目的をもつものではありません。

　「いじめ」にあたるか否かよりも、「何が起きたか」という事実が大切です。その点をていねいに確認しましょう。「いじめ」という言葉を聞いても冷静さを失わない心がけが必要です。

●「事実」を確認する

「何が起きたのか」という事実を冷静に確認しましょう。加害者側か被害者側かに限らず、保護者自身が実際にやりとりを見聞きしていないのに、「(その事実は)ない」と主張するのは問題を複雑化させます。①「不利な事実があるかもしれない」と心のゆとりをもつこと、②それを子どもが保護者に話せる雰囲気を作ること、③子どもの話をていねいに聞くことの3つが鍵となります。

● 学校と協力関係を築く

学校への責任追及は、子ども本人ではなく、保護者の要望であることが多いです。子どもの安心安全な学校生活を第一に考えることを忘れないでください。そのためには、学校と協力関係を築くことが不可欠です。

●「謝罪」させる・させないにこだわらない

被害者側の場合、相手に「謝罪させること」にこだわりたくなってしまうかもしれません。しかし、実際には、相手の保護者のとらえ方もさまざまで、相手に謝罪や反省を望んでも、それがかなわないこともあります。ですから、あまり相手の事情に左右されず、粛々と子どもの安全を確保するようにしましょう。もっとも大切なのは、子どもの安心安全だからです。

他方で、加害者側が「謝ったら負け」や「経歴に傷がつく」などの価値観をもち込み、「謝罪させない(認めさせない)」ことにこだわると、解決が非常に困難になります。反省することで本人の成長につながる点があるなら、素直に謝罪することに目を向けるのも大切です。

（ 当事者になる可能性はゼロではない ）

学校生活において、子ども同士のトラブルはつきものです。そのトラブルが法律上の「いじめ」に該当することも、近年では、めずらしいことではありません。ですから、実際に直面する前に、前述の保護者の心構えや、本書でふれたいじめ防止法の内容などを知っておきましょう。「備えあれば憂いなし」という言葉は、いじめの問題でも通用します。

無理強いされて いじめる側に加わった

友人を無視するよう強いられる

ナナミさんは、クラスのリーダー的なノアさんから、チカさんを無視するように言われた。チカさんがノアさんに注意したのが気に食わないとのこと。「言うとおりに無視をしないと同罪」と言われ、ナナミさんはチカさんを無視するようになった。

 先生でもないのに注意するなんて、みんなもチカのことはウザいと思ってるはず

 チカちゃんとは仲良くしてるんだけど……

 チカちゃんはかわいそうだけど、同じ目にあいたくないもんな。ほかの子も無視してるし

 なんでみんな無視するんだろう？　ナナミちゃんもなの？

（ キーワード ）

#いじめ防止対策推進法　　#いじめの四層構造　　#被害者　　#加害者

#観衆　　#傍観者　　#シェルター　　#通報者　　#スイッチャー　　#仲裁者

クラスで問題になり、先生にしかられる

ノアさんたちの行為はエスカレートし、チカさん本人に聞こえるように悪口を言ったり、チカさんの物を隠したりした。ついにクラスで問題となり、先生から事情を聞かれ、ナナミさんも"いじめを行った"として、先生にしかられた。

 ナナミちゃんとは仲良くしてるのに、ノアちゃんたちの味方するんだ……。悲しい

 ノアちゃんに逆らうのは怖いし、私がターゲットにされちゃうから、仕方ないよね

 私はノアちゃんに言われたからやっただけだし、物を隠したりはしてないのに。なんで同じようにいじめをしたって言われるの？

加わるように強いられたのに いじめの加害者になるの？

相手が心身の苦痛を 感じたら「いじめ」

2013年に施行されたいじめ防止法により、「いじめ」が定義されました。簡単にいえば、"やられた人が心身の苦痛を感じる行為"は「いじめ」に該当します。

友達から無視されたり、聞こえるように悪口を言われたりしたら、多くの人はつらい気持ちや悲しい気持ちになります。事実、このケースでも、チカさんは、ナナミさんに無視されたり、悪口に同調されたりして、「悲しい」と感じています。

したがって、ナナミさんの行為は、法律上の「いじめ」にあたります。

たとえナナミさんがチカさんに対する行為について中心的な役割を担っていなかったとしても、ナナミさん自身の行為によって、チカさんが心身の苦痛を感じている以上、ナナミさんの行為は「いじめ」に該当するのです。

➡P.76

条文を見る！

いじめの定義 【いじめ防止法第2条1項】

この法律において「いじめ」とは、児童等に対して、当該児童等が在籍する学校に在籍している等当該児童等と一定の人的関係にある他の児童等が行う心理的又は物理的な影響を与える行為（インターネットを通じて行われるものを含む。）であって、当該行為の対象となった児童等が心身の苦痛を感じているものをいう。

知っておいてほしい "いじめの四層構造"

日本のいじめは、その多くが教室の中で行われ、人間関係が四層構造になっているといわれています。具体的には、被害者、加害者、観衆、傍観者の四層です。子どもたちが、それぞれいずれかの役割を担っていると考えられています。

観衆とは、加害行為をおもしろがるなどして、結果的に加害行為をサポートしてしまっている人をいいます。

傍観者とは、文字どおり傍観する

 **ナナミ**さん
いじめに加担するように強いられる

 ノアさん
リーダー的存在でいじめを先導する

 チカさん
いじめのターゲットにされてしまう

人、見て見ぬふりをする人をいいます。

　重要なのは、これらの役割はたがいに影響を与え合っているということです。とくに観衆は、加害者たちの加害行為に対する心理的ハードルを下げ、加害行為がエスカレートすることを容易にしてしまいます。

ちょっとだけ加担したつもりでも……

　ナナミさんは、法律の観点からは「いじめ」の"加害者"となりますが、クラス内の位置づけとしては、ノアさんの加害行為をサポートする"観衆"に近い立場といえます。ナナミさんのように言うことを聞いてくれる人たちがいるから、ノアさんが加害行為をのびのびとできてしまうのです。

　"ちょっとの加担"のつもりが、じつは大きな被害を生み出してしまう、ということは、子どもが知っておいた方がよいことです。

「できることをできる範囲でやる」ことが大切

　「たがいに影響を与え合っている」ということは、観衆や傍観者の立場にいる人たちが適切に行動すれば、加害行為を止められる可能性がある、ということでもあります。多くの場合、加害者よりも観衆および傍観者の人数の方が多いですから、一人ひとりが「できることをできる範囲でやる」だけで状況は好転する可能性が高いのです。

　他方で大人は、「傍観者も加害者と同じ」などと言って、子どもたちに「加害行為を直接止めること」ばかりを求めがちです。それが「身を挺して被害者をかばいなさい」とか「加害者に面と向かってNOと言いなさい」というメッセージになっている場合も多いでしょう。こうした高度な要求は、子どもたちに「そこまでのことはできない。自分にできることはない」と思い込ませてしまいます。

　このケースでも、ナナミさんは「自分がノアさんにNOと言うのは無理」と思うからこそ「ノアさんに従うしかない」と考えたのかもしれません。

2章

学校編

「加害行為を直接止める」以外にも、"できること"があると知ることで、「加害者に抵抗するか服従するか」以外の選択肢も思い浮かぶようになるでしょう。

大切なのは、「いじめに直面したら自分に何ができるか」を日ごろから考えておくことです。

自分にできることを 考えてみよう

それぞれが、できることをできる範囲で確実に行っていくことが大切なので、ナナミさんも自分の性格などに合った"できること"を考えていくこと、実際に行っていくことが重要です。

たとえば、ノアさんに正面から意見するのは、ナナミさんにとって少しハードルが高いでしょう。また、ノアさんの目の前でチカさんと仲良く話をするのも難しいかもしれません。

その場合、ノアさんが見ていないところでチカさんに声をかけたり、話を聞いたりすることなどが考えられます。スマートフォンなどを持っているのなら、メッセージを送ることもできるかもしれません。被害者の心理的負担を軽減させるこうした行動、こうし

た役割を"シェルター"といいます。被害者の逃げ場を作る役割です。

また、"こっそり"と、先生にクラスで起きていることを伝えることができるかもしれません。加害行為を止められる人（教員や保護者、クラスで影響力のある子どもなど）に事実を伝えるこうした役割を"通報者"といいます。

なお、通報は"こっそり"行うのが基本です。大人の世界でも公益通報者保護法という法律が存在するほど「不正を暴く」という行為には危険が伴います。子どもの安全も、大人と同様に確保されなければなりません。"こっそり"行う通報が"ひきょう"ではないことを子どもに伝えておきましょう。

 これも注目 スイッチャー・仲裁者

"スイッチャー"とは、文字どおり"スイッチする人"です。たとえば、誰かの悪口でクラスメイトたちが盛り上がっていた場合に、話題を変えたりしてその嫌な雰囲気を変える役割です。悪口を気軽に言わせない雰囲気作りもとても大切です。

また、"仲裁者"とは、加害者と被害者とを仲裁する人をいいます。

ナナミさん
いじめに加担するように強いられる

ノアさん
リーダー的存在でいじめを先導する

チカさん
いじめのターゲットにされてしまう

大人がイメージしやすい"身を挺してかばう人"がこれにあたるでしょう。この役割を担える子どもが増えるのはとても良いことですし、担える子どもが素晴らしいのはまちがいありません。ただ、大人が子どもにこの役割を求めすぎるのは注意が必要であることは前述のとおりです。

これらの役割に直接あてはまらなくても、「毎日必ず目を見て挨拶する」、「悪口が始まったらなるべく立ち去る」など、いじめを助長しないために自分にできることをできる範囲で積極的に行っていくことが重要です。

 Q 「いじめ」に気づいて
学校に伝えるときには？

 A 「学校いじめ防止
基本方針」を事前に
確認しておくと安心です

いじめ防止法第23条1項は、学校の教職員や保護者などに対し、児童や保護者からいじめの相談を受けた場合、いじめの事実があると思われるときは「学校への通報その他の適切な措置」をとることを求めています。

つまり、保護者がいじめの可能性のある事実に接した際は学校への通報が必要ですし、保護者からの通報を受けた学校も、適切にかつ組織的に対応しなければなりません。

ですから、保護者としては、学校が「いじめ」に対してどのように対応するか、あらかじめ通報後の流れなどを知っておくとよいでしょう。各学校に作成が義務づけられている「学校いじめ防止基本方針」を確認すると、学校のいじめ対応の詳細を知ることができます。

なお、通報の際には、「誰が、いつ、どこで、誰に、何を、どのように、なぜされていたのか」という6W1Hを意識しながら、自分が把握している事実を伝えることが大切です。そうすることで、学校が事実関係を確認しやすくなるからです。

いじめの四層構造

（「いじめ」の早期発見・重大化防止のために）

いじめの問題は「起こさないようにする考え方」と「起きてしまったときの考え方」を学んでおくことが大切です。そのため、私は2012年ごろから、オリジナル教材を用いた「いじめ予防授業」を行い、子どもたちがいじめの問題を検討する機会を設けています。その授業で紹介するもののひとつであり、P.80でもふれている「いじめの四層構造」を紹介します。

被害者と加害者だけの問題ではない

「いじめの四層構造」の理論を社会学者の森田洋司さんが提唱するまで、いじめは「被害者と加害者だけの問題」と考えられていました。しかし実際は、教室内にいるほかの子どもたちも、いじめに影響を与えています。いじめの四層構造論は、その構造を説明するものです。

被害者や加害者のほかに、加害者の行為をおもしろがったり、はやし立てたりする「観衆」と、いじめを静観する「傍観者」が存在します。傍観者の中からいじめに否定的な者が現れれば、いじめに対する抑止力となり、逆に肯定的な者が現れれば、いじめを助長してしまいます。

したがって、いじめを重大化させないためには、傍観者から「いじめを否定する行動を取れる者」を増やすことが重要であり、いじめ予防授業のおもな目的も、その点にあります。ですから、私の授業で「いじめの四層構造」を説明する際は、それぞれの影響力を「YSE」と「NO」の矢印で表現します。視覚的にわかりやすくすることで、一人ひとりが「小さなNO」を出すことの重要性を客観視でき、どのような「NO」であれば自分にも出せるかを冷静に考えることができるからです。

● 「いじめの四層構造」と「YES」「NO」の空気

※図は、いじめの四層構造（森田洋司）をもとに、ストップいじめ！ナビが作成

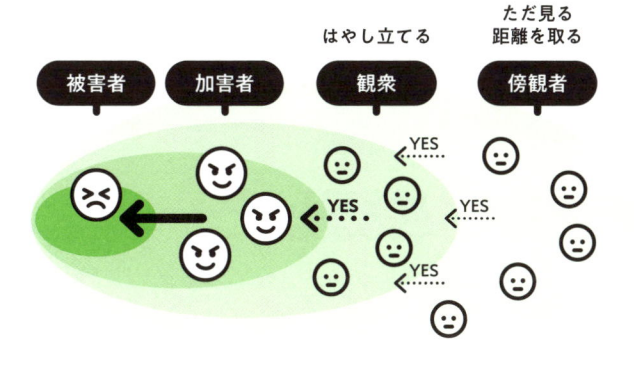

観衆が加害者に肯定的な態度を取り（大きなYES）、傍観者が見て見ぬふりをすると（小さなYES）、加害者を助長する

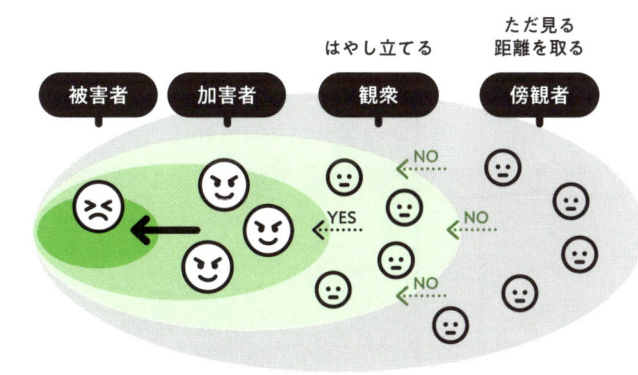

人数が多い傍観者がいじめに対して否定的な態度を取る（小さなYES→小さなNO）ことで、観衆の肯定的な態度の勢いが弱まる（大きなYES→小さなYES）

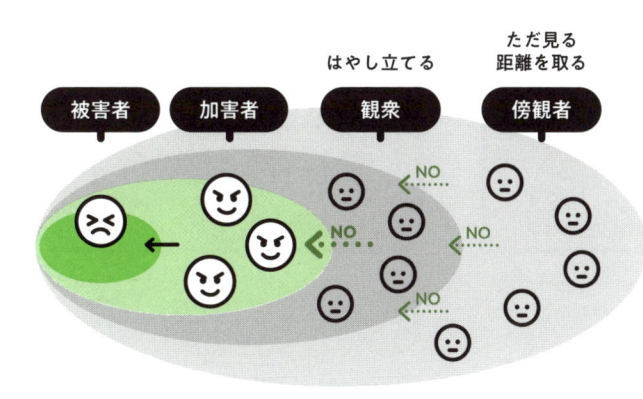

いじめを傍観者が否定することで（NO）、観衆も否定的な態度になっていき（NO）、結果的にいじめを許さない空気になっていく

ちょっかいを出されたから やり返したら怒られた

ふざけて何度もつつかれ、肩を押した

体育の授業中、ハルキさんがガクさんのお腹や背中をつついた。ガクさんは注意をしたが、ハルキさんは何度も強くつつき、痛くなってきた。「やめろ！」と言っても続けたので、ガクさんはハルキさんの肩を押して離し、さらに強い力でもう一度押した。

 やめてって言ってるのに、しつこいな

 退屈だから、ガクと遊んでたいな

 悪ふざけしすぎ。「やめろ！」と言っても続けたから、押したのは正当防衛だ

 じゃれてただけなのに、暴力を振るうなんて、ひどい！

キーワード

#暴行　#保護法益　#人の身体の安全　#違法性阻却事由

#正当防衛　#過剰防衛　#言い訳　#手続保障　#相手の同意

やり返した子だけが先生からしかられる

ガクさんに押されて尻もちをついたハルキさんは、「なにすんだよ！」と大声を出して怒った。そんなハルキさんの様子に気づいた先生は、暴力を振るうのはよくないと、ガクさんだけをしかった。

自分だけ怒られるなんて納得できない！
ハルキがちょっかいを出さなければこんなことにならなかったのに

ガクは暴力を振るったんだから、先生から怒られるべき

理由はどうあれ、ガクさんが暴力を振るったことはまちがっている

相手が先に手を出したのに
やり返したらダメなの？

相手をつつくのは「暴行」

暴行罪の「暴行」は、人に対する物理的な力の行使ですから、「相手の身体をつつく」というハルキさんの行為は暴行に該当します。

子ども同士でつつき合ったりすることはよくあるため、お腹や背中をつつく行為が「暴行」に該当することに驚く人もいるかもしれません。しかし、暴行罪の保護法益（法が守ろうとしている価値）は、人の身体の安全です。そのため、相手に向けられた物理的な攻撃は広く「暴行」にあたるのです。私たちの身体の安全は法によって強く守られている、ということです。

この点、たとえ「暴行」にあたる行為だとしても、水遊びでおたがいが水をかけ合っている場合のように、相手がその行為を同意（承諾）している場合は、違法性がなくなります 違法性阻却事由➡P.92 。

このケースでは、つつかれているガクさんは行為をやめるようハルキさんに何度も求めていますから、同意があるとはいえません。ですから、ハルキ

さんの行為は違法性のある暴行ということになります。

重要なのは、私たちの社会が人の身体の安全という価値を"大切なもの"として扱っていること、ハルキさんの行為がその大切な価値を害するものであることを、ハルキさんがきちんと理解することです。

用語解説
保護法益

刑事法においては、法が守ろうとしている価値を「保護法益」といいます。このケースのような暴行罪や、傷害罪であれば、人の身体の安全です。ほかにも、詐欺罪であれば財産を、文書偽造罪であれば文書に対する信用を守っています。刑法上定められている罪一つひとつにそれぞれ保護法益があります。

なお、「保護法益」という言葉では表現しないものの、刑事法以外でも、それぞれの法律には"守りたい価値"があります。

法律を学ぶ際には、あわせてそうした価値を学ぶと、私たちの社会が何を重視し、何を尊重しようとしているかを理解することができます。

ガクさん
小学5年生。授業中にハルキさんにしつこくつつかれ、強く押す

 ハルキさん
ふざけ合っているつもりで、やりすぎてしまい、やり返される

肩を押す行為は正当防衛？

ガクさんは、ハルキさんの肩を2回押しており、これらも「暴行」にあたります。しかし、これらは、ハルキさんの行為を受けてのものですから、正当防衛の成否が問題となります。

正当防衛は、「急迫不正の侵害に対して、自己又は他人の権利を防衛するため、やむを得ずにした行為」に対して成立し、これが成立する場合は、行為の違法性がなくなります。

もし、ハルキさんを離すために一度押しただけであれば、ガクさんの行為が自分の身体を守るためにやむを得ずにした行為といえる可能性は高かったでしょう。

しかし、2回目の「尻もちをつかせるほど強い力で押した行為」は、「身体をつつく」というハルキさんの侵害を止めるには"やりすぎ"と評価される可能性があります。その場合、ガクさんの行為は「やむを得ずにした行為」といえないため、正当防衛は成立しません。

つまり、ハルキさんの行為と同様、ガクさんの行為も違法性のある「暴行」である可能性が高いのです。

したがって、ガクさんもまた"人の身体の安全"という価値の重さを、とりわけ、自分の身体の安全と相手の身体の安全とのバランスを考え、学ぶ必要があるでしょう。

> **条文を見る！**
>
> ### 正当防衛
> ### 【刑法第36条1項】
>
> 急迫不正の侵害に対して、自己又は他人の権利を防衛するため、やむを得ずにした行為は、罰しない。

正当防衛と過剰防衛のちがいとは？

正当防衛における「やむを得ずにした行為」といえるためには、その行為に必要性と相当性の両方がなければなりません。

このケースのガクさんのように、"やりすぎ"てしまった場合は、「必要性はあるが、相当性がない」と判断されます。そうなると、正当防衛は成立

2章 学校編

せず、過剰防衛となります。

過剰防衛の場合、正当防衛と異なり、行為の違法性はなくなりません。したがって、原則として犯罪が成立することになり、ガクさんが14歳以上であれば、「暴行罪」が成立します。

刑事未成年➡P.93

ただし、過剰防衛の場合は、情状により、刑が軽減または免除されます（刑法第36条2項）。

"言い訳"はダメ？

このケースでは、尻もちをついたハルキさんを見て、先生はガクさんを注意しています。ガクさんの行為はハルキさんの身体の安全を害する行為ですから、先生の注意自体は正当です。しかし、「自分だけが怒られた」というガクさんの納得できない気持ちも理解できるところです。

ですから、こうした場合について、子どもには、「きちんと自分の言い分を伝えてよい」ことを話しましょう。先生が言い分を聞く機会を設けてくれた場合はもちろんですが、万が一、設けてくれない場合であっても自分から伝えてよいのです。

一般に、"言い訳は悪いこと"というイメージがあります。しかし、法の世界では、罰を科すなど、相手に不利益を与える場合、事前にその人の言い分を聞かねばならないと考えられています。言い分を聞かずに一方的に不利益を与えると、正確に事実関係を把握できず、えん罪などを生み出したり、与える不利益が重すぎたりしてしまうからです。これを"手続保障（適正手続）"といいます。

このケースでも、ガクさんが言い分を伝えない限り、先生は正確に事実関係を把握することができず、ハルキさんへの適切な指導もできません。言い分を伝えること自体は決して悪いことではないことを子どもたちも知っておく必要があるのです。

言い分が受け入れられるかは別の問題

ただし、自分の言い分を伝えることと、その言い分が受け入れられることとは別の問題です。このケースのガクさん

ガクさん
小学5年生。授業中にハルキさんにし
つこくつつかれ、強く押す

ハルキさん
ふざけ合っているつもりで、やりすぎ
てしまい、やり返される

の言い分は、その内容次第ではある程度正当なものと評価される可能性がありますが、日常生活では、正当と評価されにくい言い分があるのも事実です。

子どもには、「言い分を伝えることはとても重要。でも、結果として受け入れられないこともある。納得できない場合は、受け入れられない理由の説明を自分から求めよう」などと伝えておくとよいでしょう。自分から説明を求めることにより、自分の言い分の正当な部分と正当でない部分とが明確になる可能性が高まるからです。

相手の意思を確認しよう

子ども同士の"じゃれ合い"はよくあることですが、日ごろから「相手の身体には、原則として相手の同意なくふれてはいけないこと」は、きちんと子どもに伝えておきましょう。そうすることにより、自分がふれられて嫌なときも、きちんとNOと言えるようになるからです。また、仲良しの間柄でじゃれ合っている際も、本当に相手が同意しているかに気をつける必要があり、少しでも嫌なそぶりがあったらすぐやめなければならないことも確認し

ておきましょう。

他方、自分がNOと言っているのに相手がやめてくれない場合の振る舞いは、とても難しいものです。コミュニケーションが発達途上である子どもであれば、なおさらです。

このケースでガクさんは、自分の怒りをぶつけるかのようにハルキさんを強く押してしまっています。

しかし、「怒りの感情が湧いたこと」そのものはまったく悪いことではありません。私たちには内心の自由（→P.28）が保障されているからです。"嫌なものは嫌"でよいのです。

問題なのは、自分が怒っていることや、つつかれるのが嫌であることを相手に伝えるために、過剰な物理的攻撃という手段を"選択"してしまったことです。「問題解決手段の選択をまちがえてしまった」という点をきちんと確認し、ほかにどのような手段を取りえたかということを一緒に考えていくことが重要です。

そうすることで、ガクさんは、自分の気持ちや要望を相手に伝える力、問題を解決する力をどんどん成長させていくことができるでしょう。

2章 学校編

犯罪の成立と刑事未成年

「条文に該当＝犯罪成立」ではない

　刑法に定められている行為をしたら、ただちに犯罪が成立するようなイメージがあるかもしれませんが、じつは犯罪を成立させるには、もう少し緻密な検討が必要です。

　たとえば、私が他人の身体をナイフで傷つけたら、基本的には傷害罪（刑法第204条）が成立します。しかし、お医者さんが手術の際に患者さんの身体をメスで切っても同罪は成立しません。私と同様に「人の身体を傷害した者」にあたるにもかかわらずです。これは、お医者さんの行為が正当行為（刑法第35条）にあたり、「違法性がない」と考えられるからです。

　では、3歳児がお母さんをツメで引っかいた場合はどうでしょう。やはり「人の身体を傷害した者」にあたりますが、犯罪は成立しません。3歳児には、刑事責任を負えるだけの能力がない、つまり「責任がない」と考えられるからです。

　つまり、犯罪を成立させるには、❶構成要件該当性、❷違法性、❸責任の3つがすべてそろう必要があるのです。

❶ 構成要件該当性	❷ 違法性	❸ 責任
法律の条文に書かれていることに当てはまること。	❶を満たす場合に検討される要件。違法性がなくなる事由（違法性阻却事由）として、正当行為、正当防衛、緊急避難などがある。	❶と❷を満たす場合に検討される要件。責任がなくなる事由（責任阻却事由）として、刑事未成年や心神喪失などがある。

3つがそろって初めて犯罪が成立する

刑事事件と子ども

14歳未満の年少者のことを「刑事未成年（者）」といいます。刑法では、14歳未満の年少者には、責任をもって行動する能力がまだ備わっていないため、法的に非難することができず、刑罰を科されないとされているのです。つまり、刑事未成年者には、先の3つの要件のうちの「責任」がないと考えられています。

他方、14歳未満であっても、犯罪を犯した者は「触法少年」として、少年法の対象となります。触法少年に対しては、犯罪としてではなく、福祉的な観点から児童相談所や家庭裁判所が関与するのです。

そもそも、少年法は、過ちを犯してしまった年少者には、処罰よりも、その年少者に必要な教育や支援を行うことが大切との考えのもと定められた法律です。教育や支援により、その年少者が適切に行動できる大人に成長することが、犯罪予防という見地からも社会にとっては重要なのです。

「犯罪だからダメ」のもつ危険性

「いじめ」の場面などで、大人は子どもに「犯罪だから、やっちゃダメ」などと言いがちですが、そうした理屈は、「犯罪にならなければセーフ」という理屈を生みます。14歳未満に犯罪は成立しませんから、「14歳未満ならセーフ」という理屈もありえます。他方、14歳未満であっても、刑事責任ではなく、民事責任を負う可能性はあります。そのため、「賠償責任を負うから、やっちゃダメ」という理屈は通る余地があります。

しかし、本当に大切なのは、犯罪の成否や賠償可能性の有無ではありません。「法が守ろうとしている価値は何か」「その行為は、その価値をどう傷つけているか（傷つけるおそれがあるか）」ということです。「犯罪」や「賠償」という"強い概念"を振りかざすと、そちらに気を取られて、本当に大切なことに焦点を当てづらくなってしまいます。強い概念を安易に振りかざさないことは、相手を尊重するためにも、子どもたちに大切なことを学んでもらうためにも、必要なことです。

先生が男子にだけ 厳しく接する

先生が男子にだけ威圧的に怒る

タナカ先生は「女子と男子とで態度がちがう」と有名。同じことをしても、女子には軽く注意する程度だが、男子には強くしかる。ある日、ケンさんとソウタさんが授業中に話していると、タナカ先生は突然、黒板を強くたたいて2人に怒鳴った。

1 女子に対して――

静かに しなさい

2 男子に対して――

いい加減にしろ！ うるさいんだよ！

女子は注意だけで静かになるが、男子は強く出るのが大事。それに、女子にしつこく注意すれば"セクハラ"とも言われかねない

怒鳴られて恥ずかしい。先生は女子に甘くてズルい。なぜ男子だけに厳しいの？

急に大きな音を立てたり、怒鳴られたり、とても怖かった

#威力業務妨害 　#不適切な指導 　#暴言 　#体罰

#セクシュアル・ハラスメント 　#差別 　#不公平さ 　#不適切な"男らしさ"

男女での対応のちがいに納得がいかない

ケンさんは、お母さんに「タナカ先生が男子にだけ厳しいのは納得いかない。僕ら
だけ怒鳴られた。校長先生に『タナカ先生に女子にも男子と同じように接してほし
い』って言ってよ。こういうの"差別"っていうんじゃないの？」と訴えた。

❸

男子にだけ厳しいのは
納得いかない
タナカ先生のこと、
校長先生に言ってよ！

うるさい！

そうね……

これって"差別"じゃないのかな。
"差別"はしちゃいけないのに。
同じことをしたら、女子も同じよ
うに怒られるべきでしょう？

息子の授業態度にも悪いとこ
ろがあったけど、先生が男女で
扱いを変えるのは確かに変だ
と思う。女子にも厳しく対応し
てほしい

 # 先生が男子に厳しく、女子に甘いのは差別では？

授業中のおしゃべりが侵害する価値

　授業中、先生が話しているときなどに友達同士でおしゃべりすると、授業をしっかり聞きたいみんなの迷惑になってしまいます。騒ぎ立てたりすれば、みんなの学習権を侵害することにもなります。

　また、先生が授業を行うことは仕事であり、「業務」です。授業中に騒げば、注意するために授業を中断したり、先生の発言内容がほかの子に伝わらなかったりします。そうなると、教室で騒ぐという「威力」を用いて「業務」を妨害することにもなりかねません。

　ですから、授業中にタナカ先生が、ケンさんとソウタさんのおしゃべりを注意して、止めようとすること自体は適切といえるでしょう。

条文を見る！

威力業務妨害
【刑法第234条】

威力を用いて人の業務を妨害した者も、前条の例による。

（前条の例による＝3年以下の拘禁刑又は50万円以下の罰金に処する）

先生は、怒鳴って指導してもよい？

　問題なのは、その注意の仕方です。多くの自治体では、体罰とともに、体罰に準ずる行為についても禁止しています。黒板をたたいて怒鳴る行為は、子どもを威嚇する行為ともいえますから、東京都教育委員会の分類によれば、禁止される「不適切な行為」のうちの「暴言等」にあたる可能性があります。

　事実、ソウタさんはタナカ先生をとても怖がり、精神的な苦痛・負担を感じていますし、ケンさんもみんなの前で怒鳴られたことを「恥ずかしい」と感じています。

　こうした不適切な指導は、教育効果についても疑問が多いですし、エスカレートして体罰などにつながるおそれもあります。ですから、より適切な指導が行われるよう学校全体で意識を高めていく必要があります。

ケンさん
先生の男女差のある
指導に疑問をもつ

ソウタさん
先生にしかられて怖
い思いをした

タナカ先生
生徒の性別によって
態度がちがう

用語解説

不適切な行為

学校教育法第11条但書で禁止されている「体罰」とは、懲戒（不正・不当な行為に対する制裁）のうち、教員が児童・生徒の身体に、直接的・間接的に、肉体的苦痛を与える行為をいいます。しかしながら、たとえ肉体的苦痛を与えていなくても、子どもに対するこうした行為は、決して許されるものではありません。そこで、東京都教育委員会は、「不適切な指導」「暴言等」「行きすぎた指導」を「不適切な行為」として禁止しています。ほかの自治体でも、分類などは異なるものの、多くの場合、ガイドラインなどで暴言や行きすぎた指導などを禁じています。

女子は「ズルい」？

学校全体で意識を高めていく必要がある場合、保護者から学校に意見を述べることも非常に重要になります。

しかし、ケンさんのお母さんのように「女子にも厳しく対応してほしい」と求めるのは妥当ではありません。

このケースの問題点は、タナカ先生がケンさんとソウタさんに精神的な苦痛・負担を与えるような不適切な指導を行ってしまったことに尽きます。「女子にも男子にも適切な指導が行われなければならない」のであって、「女子にも厳しく」というのはむしろ、不適切な指導を助長することになってしまいます。

ですから、学校に対しては、タナカ先生が授業中に黒板をたたいて怒鳴った指導について、不適切な指導を行わないでほしい旨を保護者の立場で伝えるとよいでしょう。

"セクハラ" という概念とは？

"セクシュアル・ハラスメント"とは、教育現場では「児童などを不快にさせる性的な言動」を指し、性的な冗談やひわいな言動などがこれにあたります。男性から女性に対して行われるイメージがあるかもしれませんが、同性同士でも、女性から男性に対しても起こりえます。

タナカ先生は、「女子にしつこく注

意すれば"セクハラ"とも言われかねない」などと考えていますが、明らかに"セクハラ"の概念を誤解しています。正当な業務行為といえる子どもの不適切な行動に対する指導がセクシャル・ハラスメントに該当することなどありませんし、「女子に対する態度だけ気をつけておけば安心」などということもありません。

"差別"という概念とどう向き合う？

"差別"とは、一般に、人種や性別、宗教など、自分では変えられない、または容易には変えられない特性に基づいて不利益な取り扱いを行うことと考えられています。

このケースでケンさんは、タナカ先生が男子ばかりに厳しく接することを"差別"と言っています。確かに、タナカ先生は、性別に着目して不適切に厳しく指導していますから、「子どもたちに対して差別的な取り扱いを行っている」ともいえそうです。少なくとも、ケンさんがタナカ先生に「そのような取り扱いをやめてほしい」と求め

ること自体は適切といえるでしょう。

他方で、"差別"という概念は、歴史的・社会的に生み出されてきた社会構造の不平等を可視化・言語化することで、それを是正していく役割を担っています。タナカ先生の対応が歴史的・社会的に生み出されてきた男性に対する社会構造の不平等に基づくものといえるかは、やや疑問が残ります。

たとえば、「特定の人種だけ逮捕されやすい」などの状況があれば、それは"人種による差別"です。こうした状況は、歴史的・社会的に生み出されてきた「あの人たちは犯罪しやすい」という一般の印象（ステレオタイプ）が背景にあります。逮捕されやすい状況を放置すれば、その印象はますます強化され、いろいろな場面で不利益な取り扱いを受けることになります。雇うのをやめようと判断され、雇用の機会を喪失することもあります。雇用の機会の喪失は、不利益な取り扱いの代表的な例の一つです。そうなれば、その人種の人たちは、社会的に弱い立場に立たされ続けます。その状況を解消するために、「これは、差別だ！」と声を上げる必要があるのです。

この点、タナカ先生の対応は、「男

ケンさん
先生の男女差のある
指導に疑問をもつ

 ソウタさん
先生にしかられて怖
い思いをした

 タナカ先生
生徒の性別によって
態度がちがう

性同士の序列には強さが必要」という不適切な"男らしさ"を押しつけるものですが、男性の社会的地位を不当に下げたり、地位の低さを維持・強化したりする行為ではありません。少なくとも現状、「強い対応が必要だから、男性なんて雇わない方がよい（女性の方がよりよい）」などという社会通念は、ほぼ存在しないでしょう。

"差別"という概念を簡単に使ってしまうと、不平等を生み出している社会構造を見えにくくしたり、不平等を矮小化してしまったりするおそれがあります。表面上は、一定の特性に基づく不利益な取り扱いと感じるものであったとしても、それが歴史的・社会的に生み出されてきた社会構造の不平等からくるものか否かは慎重な検討が必要になります。

ですから、不公平を糾弾すること自体は非常に大切ではあるものの、このケースで"差別"という概念を引き合いに出すのは、やや慎重になった方がいいでしょう。"差別"という概念を振りかざすよりは、教員としての"不公平さ"を指摘したり、黒板をたたいて怒鳴った行為そのものの不適切さを指摘したりする方がより適切といえます。

☝Advice

「ズルい」と思ったら自分と向き合おう

特定の人たちが優遇されているように感じると、どうしても「あの人ばかりズルい」という思考になりがちです。ケンさんやお母さんもそうした思考から「女子にも厳しく対応してほしい」と思っているようです。

しかし、タナカ先生は、本来、誰に対しても適切な指導を行わなければなりません。

「女子にばかり甘くてズルいから、女子にも厳しく」という発想は、「自分が苦しいから相手も苦しくなってほしい」というものであり、みんなを苦しめる発想です。

ですから、もし「あの人ばかりズルい」と感じたら、①自分が"あの人"と比べて「尊重されていない」と感じている部分はどこか、②どのような状態になったら、「私も尊重されている」と感じそうか、③その状態になるには誰が何をすればよいか、④自分にもできることがありそうか、といったことを考えてみるとよいでしょう。

それができると、"みんなが尊重される状況"を自分で作り出すヒントを得られるかもしれません。

先生の指導方法が体罰では？と感じる

先生に肩を強めにたたいて注意された

ミナトさんは友達とのおしゃべりに夢中で、休み時間が終わっても気づかずにいた。先生が「席に着こう！」と遠くから声をかけたが、ミナトさんたちは話し続けていた。そこで先生は、ミナトさんに注意するため、肩をバシッと少し強めにたたいた。

①

席に
着こう！

②

休み時間
終わったよ！

声をかけてるのに、ミナトさんは夢中になると周りが見えなくなるな

言葉で注意してからだし肩を多少たたくなら問題ないよな

痛っ‼　ビックリした！
あれ、もう休み時間終わった？

(キーワード)

#暴行　　#物理的な力の行使　　#違法性阻却事由　　#懲戒

#体罰　　#エスカレートしやすい　　#事実と評価

"体罰では？" と母親が疑問をもつ

ミナトさんは「自分が悪かった」「ちょっと強めにたたかれただけ」と思いつつ、お母さんに「先生に肩を強くたたかれた」と伝えた。お母さんは驚き、大ごとにするのもよくないと思うものの、学校に相談した方がよいのか、悩んでいる。

今日、先生に肩を強くたたかれたんだ

まぁ、僕が悪いんだけど……

うーん、確かにミナトが悪いけど……

 休み時間が終わったって気づかなかった僕が悪いから別にいいけど、たたくことないじゃん。ちょっとモヤモヤする

 息子が悪いとはいえ、1回言っただけでたたくなんて、よいのかな？　手を出さない指導法を考えてほしいから、学校に相談するべきだろうか……

先生が手を出せば体罰？
学校に相談をするべき？

「肩をバシッと」は「暴行」

暴行罪における「暴行」とは、人に対する物理的な力の行使のことをいいます。

先生がミナトさんの肩をバシッとたたく行為は、人に対する物理的な力の行使といえますから、この行為は、「暴行」にあたります。

この点、ミナトさんが先生の行動にとくに異を唱えておらず、また「僕が悪いから別にいい」などとも思っていることから、ミナトさん自身が先生の行動を許容しており、先生の行為に違法性がないと考える余地もありそうです 違法性阻却事由→P.92 。

しかしながら、暴行の違法性を失わせるような同意（承諾）は、基本的には事前に表明されている必要があります。また、そうした承諾は、真意に基づくもの（本心からのもの）でなければならないところ、大人と子ども、教員と児童のような関係性のもとでは、安易に「承諾があった」と考えることはできません。対等ではない関係性のもとでは、力関係に影響されて承諾してしまう可能性があるからです。

実際、ミナトさんは「僕が悪いから別にいい」と思いながらも「ちょっとモヤモヤする」などとも思っており、心の底から承諾しているとはいいがたいようです。したがって、「先生の行為に違法性はない」と考えるのは原則として難しいでしょう。

学校の先生は「体罰」が禁止されている

学校教育法第11条但書で禁止されている「体罰」とは、懲戒（不正・不当な行為に対する制裁）のうち、教員が、児童・生徒の身体に、直接的・間接的に、肉体的苦痛を与える行為をいいます。また、「懲戒」には、いわゆる退学や停学といったもの以外に、注意や叱責、居残り、別室指導、清掃、学校当番の割り当てなどが含まれます。

このケースで先生は、休み時間の終了に気づかないまま、おしゃべりを続けて席に着かないミナトさんたちを注意する目的でミナトさんの肩を強くたたき、痛みを与えていますから、この行為が「体罰」と評価される可能性は

ミナトさん
先生にたたかれたことが釈然としない

先生
児童・保護者からの評判はよい

お母さん
先生の行為が体罰では？と疑問に思う

あります。

　ミナトさんたちに休み時間の終了を気づかせたり、おしゃべりをやめて席に着かせたりするためには、「肩を強くたたく」以外にも選びうる手段は多々ありますから、先生は、ほかの指導方法を選択しなければならなかったといえるでしょう。

条文を見る！

懲戒と体罰
【学校教育法第11条】

校長及び教員は、教育上必要があると認めるときは、文部科学大臣の定めるところにより、児童、生徒及び学生に懲戒を加えることができる。ただし、体罰を加えることはできない。

体罰は
エスカレートしやすい

　体罰を禁止するおもな理由は、体罰が子どもの人権を侵害し、その心身に深刻な悪影響を与え、教員や学校への信頼をも失わせることにあります。

　また、体罰は、大きなケガや命にか

かわる重大な暴力にまでエスカレートするおそれもあります。体罰に慣れてしまうと、「体罰を行ったのに、子どもが言うことをきかない」など"得られる効果"が薄いと感じる場合に、もっと強い体罰を加えなければならなくなるからです。追い詰められて反応できない子どもの態度を誤解して"反抗的"などと感じる場合もあるでしょう。結果、指導死などの最悪な結果につながることもあります。

　ですから、指導に暴力を使わないことを徹底することが肝要なのです。

☝Advice

「評価」ではなく
「事実」を伝えよう

　暴力を見逃さない、許容しないという観点からは、ミナトさんのお母さんの「学校に相談した方がよいかもしれない」という問題意識は"正しい"といえるでしょう。

　ただし、お母さんが学校側に相談する際には少しだけ注意が必要です。

　それは、学校には「評価」（保護者が考えて判断したもの）よりも先に「事実」をよりていねいに伝える、ということです。法的に「評価」と「事実」は異なる概念であり、これらを分

けて検討することが非常に重要とされています。日常生活の中でもこのちがいを意識しておいて損はありません。

具体的にこのケースでは、「先生がミナトさんの肩を少し強めにたたいた」というのが「事実」です。それが「暴行」や「体罰」に該当するというのは、事実に法的な「評価」を加えた結果です。

ですから、「たたく」という指導をやめさせたいのであれば、暴行や体罰という評価よりも、「先生がミナトさんの肩を少し強めにたたいた」という事実を、まずは重視した方がよいでしょう。

あまり暴行や体罰という評価を先に強調してしまうと、「肩を少し強めにたたいたことの適否」よりも、「暴行か否か」、「体罰か否か」ばかりに焦点があたりかねないからです。

明らかに悪質な暴行や体罰の場合は、事実をていねいに伝えるだけにとどまらず、そうした「評価」を強調することが必要なときもありますが、このケースのような場合は「事実」に焦点をあて、改善をうながした方が得策でしょう。

したがって、このケースでお母さんは、学校に「指導の際に『肩を少し強めにたたく』という行為があったと聞いたが、今後はこういったことは行わないでほしい」とまず伝えてみることが大切です。

多くの場合、「事実」をていねいに伝えれば学校側は理解し、改善に努めてくれます。万が一、まったく取り合ってくれないとか、改善しようとする姿勢がいっさい見られないようなことがあれば、そこではじめて「評価」を伝えてみましょう。

 Q 「懲戒」と「体罰」のボーダーラインは？

A 子どもに肉体的な苦痛を与えたか否かです

本文でもふれましたが、「体罰」とは「懲戒」のうち、子どもの身体に肉体的な苦痛を与えるものをいいます。ですから、そもそも、「体罰」は「懲戒」の中に含まれる概念です。懲戒のうち、行うことが禁じられているものの一つが体罰、ということもできるでしょう。

そうした前提のもと、その「懲戒」が「体罰」にあたるか否かの目安は、「子どもに肉体的な苦痛が生じているか否か」です。

たとえば、「授業中に大声でふざけ

ミナトさん
先生にたたかれたことが釈然としない

先生
児童・保護者からの評判はよい

お母さん
先生の行為が体罰では？と疑問に思う

て授業を妨害した子ども」を「殴った」ら体罰ですが、「学習課題や清掃活動を課した」とか「学校当番を多く割り当てた」のであれば、体罰にあたらない適切な懲戒となります。ただし、「肉体的な苦痛を与えたか否か」が重要ですから、同じ"清掃活動"であっても「炎天のもと、たった一人で校庭全部の草むしりを命じた」などであれば、それが「体罰」と評価される可能性は高まるでしょう。大事なのは"清掃活動"の内容であり、具体的な「事実」です。

これも注目　懲戒と体罰の区別

　文部科学省による生徒指導提要（教職員に生徒指導の在り方を示したもの）は、学校における懲戒と体罰に関する解釈・運用について、「体罰の禁止及び児童生徒理解に基づく指導の徹底について」と題する2013年の初等中等教育局長、スポーツ・青少年局長通知を紹介しています。

　具体的には、次のような内容となっています。

（1）体罰等の禁止及び懲戒について

　体罰による指導では、児童生徒に正常な倫理観を養うことはできず、むしろ力による解決への志向を助長することになりかねません。体罰によることなく、児童生徒の規範意識や社会性の育成を図るよう、適切に懲戒を行い、粘り強く指導することが重要です。

（2）懲戒と体罰の区別について

　懲戒行為が体罰に当たるかどうかは、当該児童生徒の年齢、健康、心身の発達状況、当該行為が行われた場所的・時間的環境、懲戒の態様等の諸条件を総合的かつ客観的に考え、個々の事案ごとに判断する必要があります。これらのことを勘案して、懲戒の内容が、身体に対する侵害や肉体的苦痛を与えると判断される場合には、体罰になります。

　そのほか、「（3）正当防衛及び正当行為について」「（4）体罰の防止と組織的な指導体制について」「（5）部活動における不適切な指導について」などにもふれています。

2章 学校編

学校の校則を先生が厳しく守らせる

髪を編み込んだら先生に注意をされた

ハナさんの中学校の校則には「中学生らしい髪形を心がける。髪の毛が肩につく場合は結ぶ」とある。ハナさんは編み込みなら校則違反にならないと考え、編み込みをして登校をした。すると、先生から「普通の二つ結びに直しなさい」と言われた。

1 編み込みなら校則違反じゃないよね

2 えっ 普通の二つ結びに直しなさい！

校則に「中学生らしい髪形」って書いてあるけど、編み込みなら校則を守っているし、かわいく見えるかも！

こんな派手な髪形にして、校則のことを知らないのかな？

せっかく編み込みにしてきたのに！

#校則　#教育目的の実現　#運用の合理性　#らしさ　#指導

#学習権　#子どもの権利条約　#こども基本法

髪形を直さないと教室に入れないと言われる

ハナさんは「校則には違反していません」と主張し、髪形を直すことに抵抗する。
しかし、先生からは「そんな派手な髪形ではダメ。髪形を直すまでは教室に入れません」と言われてしまう。

 校則は守っているのに、どこがダメなの？　納得できない
でも、教室に入れないのは困るし、すぐに直せるからトイレで直してこよう

 この髪形で校則を守っているつもりとは！　髪形を直さないと教室に入れてはダメでしょ
授業まで十分に時間があるから問題ないだろう

 # そもそも校則ってどんなもの？
守らなかったときの指導とは？

その校則は、子どもの権利を尊重できている？

校則の問題は、おもに二つの観点から考える必要があります。

一つは、校則の内容そのものの合理性です。現状、校則は「社会通念上合理的と認められる範囲」において、教育目的の実現という観点から校長が定めるものとされています（ただし、これには批判もあります。P.111のQ&A参照）。ここでいう「社会通念」とは、社会の中で一般的に共有されている価値観のことです。

もう一つは、その運用（指導）の合理性です。校則の内容そのものに問題がなくても、体罰を用いた指導などはもちろん、子どもの権利を害する形で運用することはできません。

そうした観点から、このケースを見ると、「子どもの権利を尊重する」という点において、大いに疑問があるといえるでしょう。

「中学生らしい」は校則としてアリ？

このケースの校則は、「中学生らしい髪形を心がける。髪の毛が肩につく場合は結ぶ」というものですが、その内容に問題はないのでしょうか。

そもそも「中学生らしい」とは何でしょう？　あまりに抽象的です。校則制定権限が校長にある以上、「中学生らしいか否か」の最終的な判断権は、理論上、校長先生にありますが、実際に判断するのは指導を行う先生である場合が多いです。校長先生の感覚と、指導を行う先生の感覚の間にズレが生じる可能性は十分にあるでしょう。また、指導を行う先生たちの間でもズレは生じえます。このケースでも、ほかの先生はハナさんの髪形を問題ないと考えるかもしれません。こうしたズレがある指導の結果、子どもたちが混乱したり、萎縮したりしてしまうことは実際によくある例です。

また、大人が子どもに「中学生らしさ」を求めることは、じつは子どもたちに「あなたの意思や自己決定よりも、大人があなたを『どう見るか』の

ハナさん
中学2年生。編み込んだ髪形が校則違反と指摘される

 先生
ハナさんの担任。生徒指導の担当でもあり、校則に厳しい

方が社会では重要」と言っているのに等しい行為です。「中学生らしさ」とは、「大人からどう見えるか」という問題だからです。「子どもの権利を尊重する」という観点からは、こうした校則が、本当に"子どもたちのため"になっているか、改めて検討されなければならないでしょう。

「教室に入らせない」という指導

　このケースで先生は、授業開始までには十分な時間がある状況で、「髪形を直すまで教室に入れない」と指導しています。結果としてハナさんは、すぐに先生の指導に従おうとしていますから、ハナさんが授業に遅れることはなさそうです。

　この点、すでに始業のチャイムが鳴っている状況など、授業開始直前にこのような指導が行われると、ハナさんは授業に遅れざるを得なくなります。また、ハナさんが指導に従わず、授業開始後も「入らせない」指導が継続された場合も同様です。そのような場合、先生の指導は、ハナさんの学習権

（憲法第26条）を害しますから、違法となる可能性があります。

　つまり、この指導は、「髪形を直させる目的のために、子どもの学習権を盾にする指導」になってしまっているのです。結果的に授業に遅れないからといって、こうした指導を"良し"としてよいかは、十分に検討される必要があります。

　また、始業のチャイムが鳴るほど直前でなくても、トイレに行く時間まではない状況などでこの指導が行われた場合、ハナさんは、多くの生徒たちが見ている状況で、教室の外に立たされたまま、髪をといて結い直さなければなりません。時間のゆとりがある場合でも「この場で直しなさい」などと先生が命じれば似た状況になるでしょう。

　子どもの権利条約は、子どもが「品位を傷つける取扱い」を受けないことを求めており、子どもに対する規律や懲戒が、子どもをけなしたり、辱めたり、侮辱したり、笑い者にするようなものであってはならないことも明示しています。子どもをそうした状況に置くおそれのある指導は控えなければなりません。子どもの権利に配慮した適切な指導が望まれます。

2章

学校編

 **そもそも校則ってどんなもの？
守らなかったときの指導とは？**

学校の規律への適当な措置
【子どもの権利条約
第28条2項】

締約国は、学校の規律が児童の人間の尊厳に適合する方法で及びこの条約に従って運用されることを確保するためのすべての適当な措置をとる。

拷問等の禁止
【子どもの権利条約第37条a】

いかなる児童も、拷問又は他の残虐な、非人道的な若しくは品位を傷つける取扱い若しくは刑罰を受けないこと。死刑又は釈放の可能性がない終身刑は、18歳未満の者が行った犯罪について科さないこと。

子どもに対する暴力の撤廃
【一般的意見8号
パラグラフ11】

委員会は、「体」罰を、有形力が用いられ、かつ、どんなに軽いものであっても何らかの苦痛または不快感を引き起こすことを意図した罰と定義する。～中略～ 委員会の見解では、体罰はどんな場合にも品位を傷つけるものである。これに加えて、同様に残虐かつ品位を傷つけるものであり、したがって条約と両立しない、体罰以外の形態をとるその他の罰も存在する。これには、たとえば、子どもをけなし、辱め、侮辱し、身代わりに仕立て上げ、脅迫し、こわがらせ、または笑いものにするような罰が含まれる。

👉Advice

校則の改正には
保護者の意見も重要

実際の校則では、細かく髪形を指定するなど、自己決定権をはじめとする子どもの権利を尊重しているとは言いがたいケースが多々あります。

そうした校則の見直しにおいては、子どもや保護者の意見が非常に重要です。学校だけでは（たとえ、変えたくても）変えられないことも多いのです。

まずは、子どもの学校生活で気になることがあったときなどに、校則を確認してみるとよいでしょう。保護者が校則に関心をもつことは、校則見直しの大切な一歩です。また、気づいたことを保護者の間で話題にしてみるなど、小さなことからできる範囲で動いていくことも大切です。問題意識を共有できれば、「じつはみんな同じ疑問や、同じ違和感を抱いていた」など、大切な気づきがあるかもしれません。そうすれば、その声は徐々に大きくなっていくでしょう。

ハナさん
中学2年生。編み込んだ髪形が校則
違反と指摘される

先生
ハナさんの担任。生徒指導の担当で
もあり、校則に厳しい

校則ってどうやって決めるの？

直接的な根拠となる法律はありません

じつは、校則を誰がどのように定めるのか、なぜ学校側が生徒側に校則を強制できるのかなどの点について、直接的にこれを根拠づける法律は存在しません。

他方で、現在の文部科学省は、教育目的を達成するために必要かつ合理的範囲内において、校長が校則を制定できる、という立場を取っています。

これに対しては、「法的に明確な根拠がないまま、憲法上保障されている子どもの権利に制約を加えてしまうのは問題だ」という批判があります。また、子どもの権利条約が、表現の自由などの市民的権利の行使に対する制約を子どもに課せるのは、「法律によって定める場合」に限っている（同条約 第13条2項、第14条3項、第15条2項）ことにも注意する必要があります。

子どもだからといって、大人より簡単に権利を制約してよいわけでは決してないのです。

これも注目　校則の問題へのこども基本法の影響

2022年6月に「こども基本法」 ➡P.19 が成立し（翌年4月に施行）、子どもの意見表明の機会の確保・子どもの意見の尊重が基本理念として掲げられました（こども基本法第3条3号、4号）。子ども施策の策定などにあたっては、子どもの意見を反映する措置を講ずることが国や地方公共団体に義務づけられています（同第11条）。

これを受け、同年12月には生徒指導提要が改訂され、校則の見直しの際には児童会・生徒会や保護者会などの場で、校則について確認したり議論したりする機会を設けるなど、子どもの意見を表明する機会を確保することが求められるようになりました。

少しずつではありますが、子どもの意見が尊重される学校の実現に向けて、社会が動いているのです。

2章 学校編

学校における性犯罪の防止

（ 子どもへの性暴力を防止する法律 ）

　教育職員等による児童生徒性暴力等の防止等に関する法律が2021年6月4日に公布され、2022年4月1日に施行されました。「わいせつ教員対策新法」などとも呼ばれており、子どもに対するわいせつ行為として懲戒免職処分の対象となりうる行為を列挙し、幼稚園、小中学校、高校などの教員らによる「児童生徒性暴力等」を禁止しています。なお、「児童生徒性暴力等」には刑事罰の対象とならない行為も含まれ、子どもの同意や、教員らによる暴行・脅迫などの有無を問わないとされています。

　また、性暴力で教員免許を失効した教員への免許再交付について、都道府県教育委員会が可否を判断できるようになったことで、そうした教員が再び免許を得ることが極めて難しくなったといわれています。その他、性暴力を防止したり、早期発見したりするための措置を国や地方公共団体、学校や学校の設置者に求めています。

（ 日本版 DBS 法の成立 ）

　2024年6月19日、学校設置者等及び民間教育保育等事業者による児童対象性暴力等の防止等のための措置に関する法律、通称「日本版DBS法」が成立しました。DBS（Disclosure and Barring Service）とは、イギリスの「前歴開示・前歴者就業制限機構」のことであり、子どもに接する仕事に就く人に性犯罪の前科があるかの確認などを行う機関です。日本でも、こうした確認を行える仕組みができたのです。照会の対象となる犯歴の範囲が限定されているなど、課題もあるようですが、これまで確認の術がなかったことを考えれば大きな一歩といえるでしょう。

交友関係編

この章では、貸した物を返してくれない、SNSに悪意ある投稿をされたなど、子どもと友達との交友関係に関するものを紹介します。また、盗撮やリベンジポルノなどの性にかかわる問題についても解説します。

日常生活における
法や規範の位置づけとは？

この章でまず確認しておいた方がよいことは、法や規範の位置づけです。

トラブルや利害の対立を法的に検討していくと、ある程度“フェアな落としどころ”が見えてきます。場合によっては、自分の主張が有利だと確信できることもあるかもしれません。

しかし、だからといって自動的に自分の権利や利益が実現するわけではありません。訴訟などとは異なり、日常生活では、「これが“あるべき姿”だから、あなたは譲りなさい」などとジャッジしてくれる人は存在しないからです。

法的手続なく自分の権利や利益を実現したいのであれば、“相手の協力”が必要になります。つまり、相手とのコミュニケーションが必要になるのです。「自分の方が正しいんだから、相手はこうすべき！」などと言っても、それがどれだけ正論であったとしても、相手の協力を得られなければ自分の利益には結びつきません。

ですから、法的手続以外の場面においては、法や規範を「自分の考えを整理し、相手を説得するための一材料」と位置づけておくことがとても大切です。自分の正当性を理由に、相手とのコミュニケーションをおろそかにしてしまうのは、自分の利益になりません。このことは、大人も子どもも理解しておいた方がよいでしょう。

SNS で投稿する際は
相手への配慮を忘れずに

　「表現の自由」は、基本的人権の中でもとくに重視され、「簡単に制約されてはならない」と考えられています。国民による自由な議論は、民主主義の基本だからです。

　たとえば、名誉毀損（きそん）に該当する表現であったとしても、それが公共の利害に関する内容で、公益目的があり、真実であることを証明できれば違法性はなくなります。

　政治家の汚職の事実を報道するような場合に、刑事罰をおそれて報道機関が報道しなくなっては、民主政にとって重要な情報を国民が知ることができなくなってしまうからです。国民の知る権利にとって重要な情報の発信は守られる必要があるのです。

　これに対し、同じく「表現の自由」で保障される表現でも、公益性・公益目的がない個人的な発信は民主政との関係性が薄く、制約を受ける余地があります。とくに、誹謗（ひぼう）中傷は、相手の権利を著しく害するため、表現の自由が制約される度合いも大きくなります。損害賠償責任を負う例も多いでしょう。

　子どもたちやその保護者の間でトラブルになるSNSの投稿は、多くの場合、公益性・公益目的がないものです。相手の権利を侵害しない配慮が求められます。投稿の際に、事前に相手から同意を得るなどの基本的な行動がとても重要になるのです。

性的な写真や動画の撮影は
「絶対ダメ」と伝えておく

　子どもの年齢が上がってくると、SNSなどのトラブルの中に性的な問題が加わってきます。これは非常に難しい問題です。本書では、多くのケースについて「子どもの意思を尊重しましょう」と述べていますが、性的な問題については、そうとは言えない場合があります。

　なぜならば、性的な問題は、問題の本質や重大性を子どもが正確に理解できていないことがあり、子どものときの判断がその後の人生に悪い意味で大きな影響を与えることが多々あるからです。

　とくに問題になりやすいのは、"性的な写真や動画"です。多くの場合、撮影の対象となっている子どもは、相手を心から信用して、写真や動画の撮影に同意し、相手に送付しています。相手側も、そのときは誰にも見せないつもりだった場合も多いでしょう。

　そのため、相手が第三者にそれを見せたり、SNSで拡散したりしたときの精神的な被害は甚大です。多くの被害者が「相手に裏切られた」というショックとともに「信用した自分が悪かった」と自責し始めます。さらに、自分の性的な姿を「多くの人たちに見られた」という事実も重くのしかかってきますから、精神的な疾患を抱えてしまうなど、長年にわたって苦しむことも少なくありません。

　他方、被害が簡単に回復されないということは、相手も事実上の"加害者"であり続けるということです。性に関するトラブルは、決して"被害者だけの問題"ではないのです。

　ですから、少なくとも性的な写真や動画の撮影については、保護者として、子どもに「絶対ダメ」と伝えておきましょう。

子どもが「困った」と言える 親子関係を築く

　成長するとともに、子どもの世界は広がっていきます。保護者がすべてを把握し、管理することは不可能ですし、望ましくもないでしょう。

　だからこそ、子どもが本当に困ったときに「困った」と素直に言えるような親子関係を築くことがとても重要です。「親にだけは絶対に言えない」と問題を抱え込み、事態を最悪に近い状態まで悪化させている例が非常に多いことを考えると、保護者が担う重要な役割は、子どもの成長とともに"それだけ"に集約されてくるといっても過言ではないかもしれません。

　子どもの交友関係でトラブルが起きると、保護者は、頭ごなしに子どもを責めたり、あれこれと口出しをしたり、時には、学校や友達の保護者にクレームを入れて大ごとにしてしまうこともありえます。

　保護者がついやってしまいがちなこうしたことは、度が過ぎると、子どもたちから「困った」という言葉を奪います。保護者の登場で自分が窮地に追い込まれることはイメージできても、問題解決のイメージはつきづらいからです。子どもが問題解決をイメージできるようにするためにも、日ごろから子どもの話や言い分をきちんと聞くこと、子どもを尊重することが大切です。その上で、子どもから「困った」と打ち明けられたら、冷静に状況を把握し、一緒に解決に向かう道を探しましょう。

貸した物をなかなか返してくれない

友達に自分から本を貸した

サキさんは好きなマンガのおもしろさをマナさんと共有したくて「これ読んで！」と1冊渡し、マナさんは「読み終わったら返すね」と受け取った。数日後、サキさんは「どうだった？」とたずねたが、マナさんは読み終わっていなかった。

 マナと一緒に、このマンガのおもしろさについて話したい！

 渡されたから受け取ったけど、それほど興味はないんだよねね熱心なのは伝わったし、マンガの話をするのは楽しいかも。時間ができたら読もう

(キーワード)

`#契約` `#口約束` `#法的拘束力` `#使用貸借契約` `#契約の解除`

`#原状回復義務` `#貸し借りの心がけ`

1か月経っても本を返さない

2週間後、サキさんは「そろそろ返して」と伝えたが、マナさんは「まだ読んでないから」と断った。さらに2週間後、サキさんが「もう返してほしい！」と言うと、マナさんは「まだダメ！　読み終わってないから仕方ないでしょ！」と怒った。

 マナがなかなか読んでくれない……

 読もうとは思うけど、なかなか時間がないんだもん

 マナが返してくれない　読まないなら、返してほしい

 サキから貸してきたくせに、うるさい。約束どおり、読み終わるまでは返さない

119

返却期限を決めてなかったら返却を求められないの？

2人の間には「契約」が成立している

一般に、マンガなどの無償の貸し借りは「使用貸借契約」にあたります。「契約」というと「契約書を取り交わすもの」といったイメージがあるかもしれませんが、じつは契約は、書面を用いずに口頭のみで成立しえます。つまり、"口約束"でも契約になりえます。

約束と契約の両者が大きく異なるのは、「契約」の場合は、効果として「法的拘束力が生じる」という点です。不履行、つまり実行されなかった際に、裁判などの手続を経て履行を強制したり、金銭的な賠償を求めたりできるのが法的拘束力です。「約束のうち、当事者が法的に守られるのが契約」と考えると、わかりやすいかもしれません。

このケースでも、サキさんはマナさんにマンガを渡し「読み終わったら返す」（契約が終了したときに返還する）と約束しています。したがって、サキさんとマナさんの間には使用貸借契約が成立しています。

なお、マナさんは「サキから貸して

きたくせに」と思っていますが、たがいの合意により契約が成立している以上、「どちらが先に言い出したか」という点はあまり重要ではありません。

条文を見る！

**使用貸借
【民法第593条】**

使用貸借は、当事者の一方がある物を引き渡すことを約し、相手方がその受け取った物について無償で使用及び収益をして契約が終了したときに返還をすることを約することによって、その効力を生ずる。

借りたら「読み終わる」まで返さなくてよい？

使用貸借契約は、定めた期間の満了、または目的を終えることによって終了します。ここでは、期間を定めておらず、「読み終わったとき」という目的を終えた時点で使用貸借契約が終了することになります。

そうすると、「まだ読み終わってないから返さない」というマナさんの言

サキさん
小学5年生。好きなマンガを読んでほしくてマナさんに貸した

マナさん
サキさんの友達で、マンガを貸されるが、マンガにはあまり興味がない

い分も契約に基づいているともいえそうです。

> **用語解説**
>
> ### 契約
>
> 　当事者間の合意（約束）であって、当事者間に法律関係（権利義務の関係）を生じさせるもの。
> 　契約を交わした際、たとえば贈与のように与える側の一方だけに義務が生じるものを片務契約、売買や賃貸借などおたがいに義務を負うものを双務契約という。

> **条文を見る！**
>
> ### 使用貸借の終了
> ### 【民法第597条1項2項】
>
> 　当事者が使用貸借の期間を定めたときは、使用貸借は、その期間が満了することによって終了する。
> 2　当事者が使用貸借の期間を定めなかった場合において、使用及び収益の目的を定めたときは、使用貸借は、借主がその目的に従い使用及び収益を終えることによって終了する。

貸した側にできるのは「契約の解除」

　では、マナさんが読み終えるまでサキさんはずっと返してもらえないのでしょうか。そんなことはありません。使用貸借契約では、貸す側の利益も守られており、「使用及び収益をするのに足りる期間を経過したとき」、つまり、ある程度の期間が経過したときに、契約を解除することができます。

　小学5年生であれば、マンガ1冊を1、2週間で読み終えることができるでしょう。少なくとも、1か月あれば読み終わるはずです。ですから、サキさんはマナさんに最初に「返して」と言った時点（2週間後）か、遅くとも2回目に「返して」と言った時点（1か月後）で契約を解除し、マンガを返してもらうことができます。

　具体的には、「もうこのマンガの貸し出しは終わった（だから、すぐに返してほしい）」ということを、マナさんに明確に告げればよいのです。契約を解除するか否かの決定権はサキさんにありますから、「まだ読み終わっていない」というマナさんの言い分は通

3
章

交友関係編

りません。

それでもマナさんが返さない場合、マナさんにはマンガを手元に置く正当な権利がありませんから、マナさんの行為はサキさんに対する不法行為となりえます。

条文を見る！

使用貸借の解除
【民法第598条1項】

貸主は、前条第2項に規定する場合において、同項の目的に従い借主が使用及び収益をするのに足りる期間を経過したときは、契約の解除をすることができる。

Advice

「貸し借りの心がけ」を家庭で話し合っておこう

子ども同士が仲良くなりたくて行った物の貸し借りがトラブルに発展してしまうのは悲しいですよね。貸し借りはよくあることなので、"貸し借りの際に気をつけること"を家庭で話し合っておきましょう。たとえば、「あらかじめ返す日をおたがいに確認し合う」とか「貸す前にどこに傷や汚れがあるかを確認しておく（可能であれば、相手にもそれを伝えておく）」などが考えられるでしょう。高額な物、壊れたら困る物などを貸す際には、事前に保護者の許可を得るなどのルールを設けてもよいかもしれません。

また前提として、貸す側は「物を人に貸す以上、自分が想定している期間よりも返ってこない可能性があること、返ってきたときに多少の傷がつく可能性があること」、借りる側は「なるべく早く返すこと、傷つけないようていねいに扱うこと」などを確認しておくのが大切です。

Q 返された物が
傷ついていたら？

A 場合によっては
原状回復が必要です

使用貸借契約は基本的に「無償で貸す」内容の契約です。同じ「貸し借りを行う契約（貸借契約）」でも、有償の賃貸借契約とは異なる点がいくつかあります。その一つが「原状回復義務」を負う範囲です。

原状回復義務とは、文字どおり「元に戻す義務」のことです。たとえば、

サキさん
小学5年生。好きなマンガを読んでほしくてマナさんに貸した

マナさん
サキさんの友達で、マンガを貸されるが、マンガにはあまり興味がない

借りた物を汚してしまった場合などは、それを元の状態に戻さなければなりません。

ただ、貸借契約は、相手がその物を「使う」ことを前提としていますから、多少の傷や汚れはついてしまうものと考えられています。そのため、賃貸借契約では、民法第621条において、賃借物の通常の損耗や経年変化などに対しては、借主が原状回復義務を"負わない"ことが明記されています。

これに対し、使用貸借契約にはこうした定めがありません。つまり、使用貸借の場合は、基本的には、通常の損耗などに対しても借主が原状回復義務を負うということです。

たとえば、借りたマンガのページに折り目をつけてしまった場合、理屈の上では「きれいに元に戻す」ことが求められます。

しかし、そのようなことは現実問題として不可能ですから、法律上は「そのことで下がった価値」の分だけお金で支払うことになります。

ただ、「下がった価値」といっても数十円から数百円程度と思われますし、そもそも正確な金額を算出するのも難しいでしょう。また、そうした方法で問題を解決させることや、子ども同士に金銭のやりとりをさせることに抵抗があるご家庭も多いのではないでしょうか。

ですから、もし貸した物に傷などをつけられた場合、まずは大切な物に傷をつけられて悲しい気持ちになったことを相手にしっかり伝えることが大事です。どうしても相手に理解してもらえなかったり、誠実な態度を取ってもらえなかったりした場合にはじめて、金銭的請求などの権利行使をするのがよいでしょう。

他方、借りた側も、いきなり金銭賠償を提案してしまうことは、かえって相手を悲しい気持ちにさせる場合もあります。まずは貸主に真摯に謝罪をして、貸主の意向を確認しましょう。貸主の意向を受けて、謝罪だけで済ますのが気になるようでしたら、お菓子をつけるなど社会的儀礼の範囲といえる対応を行うのがよいのではないでしょうか。

3章

交友関係編

子どもをけなす内容が SNS に投稿された

息子を傷つけるような内容の投稿がされた

全国大会進出をかけたサッカーの試合に、レンさんのPK失敗で敗退した。チームメイトの保護者スズキさんは、レンさんの後ろ姿の写真を「PK失敗で全国を逃した」「必死に練習してきた息子がかわいそう」「＃サッカー A地区大会」と投稿した。

 ここで勝てれば全国大会だったのに。チームのみんなに合わせる顔がない

 レンくんのPK失敗で試合に負けちゃった……

 うちの息子はあんなにがんばったのに。この悔しさを私が代わりに伝えたい
レンくんの名前や顔を出してないから、大丈夫でしょう

（ キーワード ）

#SNS #法定代理人 #表現の自由 #名誉権 #名誉毀損

#事実の摘示 #社会的評価 #違法性阻却事由 #公共の利害

息子のことだと特定されそうで腹立たしい

レンさんのお母さんは、スズキさんの投稿を見て、負けた責任を息子に押しつけられているような気持ちになった。いくら顔が見えていなくても、背番号や大会名で写真がレンさんだと特定されそうなものを投稿したことにも憤りを感じる。

③

3章 交友関係編

 名前を出してないとはいえ、息子のことを投稿するなんてひどい！ ユニフォームや背番号、大会名から息子のことだとわかってしまう

 レンくんの失敗で負けたのは事実でしょ。名前も出してないし顔がうつっていない写真にしたし、レンくんと特定されないよう配慮はしたつもり

事実であれば、SNSに投稿するのは自由?

「表現の自由」と「名誉権」の対立

このケースで対立している利益は、スズキさんの「表現の自由」とレンさんの「名誉権」です。親権者であるお母さんは、レンさんの法定代理人としてレンさんに代わってレンさんの権利を主張することができます。ただし、あくまでレンさんの権利であって、お母さん自身の権利ではないことは念のため注意が必要です。

用語解説

名誉権

私たちは、日々の生活を通して、人からの"良い評価"を少しずつ築いています。そうした周りからの良い評価は、良好な人間関係を築くことをはじめ、私たちの社会生活にとって重要ですから、守られる必要があります。そこで、法律は、「名誉毀損」を犯罪としたり、民法上の不法行為としたりして、"みだりに社会的評価を低下されない権利"としての名誉権を守っているのです。

なお、「名誉毀損」は刑法上の用語で、「名誉権の侵害」は民法上の用語です。どちらも「名誉権が害されている」という意味では同じで、一般的には、まとめて「名誉毀損」と表現されることも多いです。

法定代理人

契約締結などの法律行為は、原則として本人しか行うことができませんが、本人が代理権を相手に与える（授権）など、一定の要件を満たす場合は、代理人が本人に代わって法律行為を行うことができます。このうち、本人による授権がなくても法の定めによって代理人となる者を法定代理人といいます。未成年者にとっての親権者や、成年被後見人にとっての成年後見人がこれにあたります。

投稿する側の表現の自由

私たちには表現の自由が保障されています。表現することは、それ自体が自己実現につながりますし、民主主義社会では、自由に意見を表明し、議論を重ねていくことが必須だからです。

そのため、表現の自由は、民主主義の根幹を支えるきわめて重要な価値と考えられており、簡単には制約できま

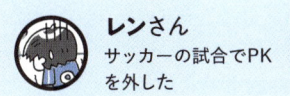
レンさん
サッカーの試合でPKを外した

お母さん
レンさんの母。投稿に憤りを感じる

スズキさん
レンさんのチームメイトの保護者

せん。スズキさんの表現の自由も、十分に尊重される必要があります。他方で、私たちの国の法体系は「すべての個人」が尊重されることを重視していますから、誰かの権利を不当に害する内容の表現は許容されません。

ここでは、スズキさんの投稿がレンさんに対する名誉毀損または名誉権の侵害（以下、まとめて「名誉毀損」といいます）にあたるかが問題となります。

投稿された側の名誉権

名誉毀損は、不特定多数の人に対し、「事実を摘示」して、つまり事実を示して相手の社会的評価を低下させることで成立します。

スズキさんは、レンさんの顔や名前こそ掲載していないものの、「＃サッカーA地区大会」というハッシュタグをつけ、PK失敗直後のレンさんの後ろ姿の写真とともに「PK失敗で全国を逃した」と投稿しています。

お母さんが懸念するとおり、大会名とユニフォーム、背番号から、多くの人々がレンさんの失敗でチームが全国大会出場を逃したことを認識するでしょう。

したがって、この投稿は、レンさんの社会的評価を低下させるものと評価される可能性が高いといえます。

条文を見る！

名誉毀損
【刑法第230条1項】

公然と事実を摘示し、人の名誉を毀損した者は、その事実の有無にかかわらず、3年以下の拘禁刑又は50万円以下の罰金に処する。

名誉権の侵害の根拠となる条文
（不法行為による損害賠償）
【民法第709条】

故意又は過失によって他人の権利又は法律上保護される利益を侵害した者は、これによって生じた損害を賠償する責任を負う。

財産以外の損害の賠償
【民法第710条】

他人の身体、自由若しくは名誉を侵害した場合又は他人の財産権を侵害した場合のいずれであるかを問わず、前条の規定により損害賠償の責任を負う者は、財産以外の損害に対しても、その賠償をしなければならない。

3章 交友関係編

127

投稿した行為に
違法性阻却事由はある？

　相手の社会的評価を低下させ、名誉を毀損する表現のすべてに対して刑事罰が科されたり、損害賠償責任を負わねばならないとなると、気軽に意見を述べたり事実を公表したりすることができなくなり、表現の自由が後退してしまいます。

　そのため、民事と刑事で多少の差はあるものの、一般に、①摘示された事実が公共の利害に関するものであること、②その目的がもっぱら公益を図ることにあること、③摘示された事実が真実であると証明されること、という3つの要件を満たす場合は、原則として違法性が阻却される（なくなる）と考えられています。このケースでは、そもそも投稿された事実が①公共の利害に関するものといえるか疑問ですし、スズキさんは、単に息子の悔しさを代弁しただけで、②何らかの公益目的があったわけでもありません。

　したがって、違法性阻却事由 →P.92 があるとはいえず、レンさんへの名誉毀損にあたる可能性は高いでしょう。

　ですから、レンさんまたはその保護者が投稿の削除を求めた場合、スズキさんは素直に応じるのが適切です。

条文を見る！

公共の利害に関する場合の特例
【刑法第230条の2　1項】

　前条第1項の行為が公共の利害に関する事実に係り、かつ、その目的が専ら公益を図ることにあったと認める場合には、事実の真否を判断し、真実であることの証明があったときは、これを罰しない。

目を向けるのは
子どもの気持ちや立場

　お母さんは、レンさんの社会的評価をスズキさんに下げられて、心穏やかではないでしょう。しかし、ここでていねいに目を向けなければならないのは、"レンさんの気持ちや立場"です。そもそも、今回問題となっているのはレンさんの名誉権ですから、レンさんの事情を無視することはできません。

　お母さんが感情に任せて「あなたの投稿は名誉毀損です！　ただちに削除

レンさん
サッカーの試合でPK を外した

お母さん
レンさんの母。投稿 に憤りを感じる

スズキさん
レンさんのチームメイトの保護者

して謝罪すべきです！」などと、スズキさんに怒りをぶつけたら、どうなるでしょう。レンさんにも友達とのかかわりやチーム内での立場があります。レンさんが投稿を知ったとしても、「削除されればそれでよい」と考える可能性はないでしょうか。レンさんと話し合うことも視野に入れ、冷静に、慎重に考えることが大切です。

相手に削除を求めるには 「依頼」から始めよう

　もしも投稿で子どもの名誉権が傷つけられたら、まずは、相手に対して率直に「この投稿は子どもが悲しむから削除してほしい」と依頼することから始めましょう。いきなり、法的根拠を理由に削除を要求すると、相手も身構えて、「事実をそのまま投稿して何が悪いの⁉」などと反発されるおそれがあるからです。そこで、どちらが正しいのかをぶつけ合っても、本質的な解決からは遠ざかるばかりです。「投稿を削除させる」という目的も達成できない可能性が高いでしょう。

　そうした状況になれば、訴訟などの法的手続しか取りうる手段がなくなってしまいます。解決手段としてさまざ

まな選択肢を残しておくために、自分に正当性がある場合であっても、ていねいなコミュニケーションを心がけることが大事になります。

“失敗”から学べる空気を 保護者が整えよう

　このケースのように、子どもがほかの子の“失敗”で思いどおりにいかないことは、起こりうることです。そうした際、スズキさんのように、失敗した子を責めたくなること自体は、法的に問題ありません 内心の自由→P.28 。

　しかし、その気持ちの表現・解消手段として、SNSを用いることは、保護者同士や子どもたちの間などで思わぬ軋轢を生みます。スズキさんのように他者の名誉権を侵害する可能性もあります。保護者の行動が子どもの人間関係を悪くするようなことだけは避けなければなりません。視点を変えてみると、子どもの“失敗”は、チームワークや心の立て直し方を学ぶ大切な機会です。保護者の不適切な介入は、子どもたちから、学んで成長する機会を奪います。それは、子どもたちにとって、決して良いことではありません。

　むしろ、失敗した人を責めない空気作りなど、失敗から学ぶ環境を保護者が率先して整えていくことが大切です。

3 章
交友関係編

129

意図しない形で写真をSNSにアップされた

友達と写真加工アプリで遊ぶ

モナさんのスマホでシズクさんを撮影し、写真加工アプリで遊んでいた2人。満足のいく写真になったと、シズクさんは喜んでいた。スマホの持ち主であるモナさんが、あとでSNSにアップしておくと告げると、シズクさんはそれを承諾した。

① わー、いい写真になったね！

そうだね！

② あとで SNS にアップしておくね

わかった！ありがとう！

 すごーい！　めちゃくちゃかわいくなる!!

 加工のビフォーアフターの差がおもしろい！

 すごくかわいくなってたし、反響があるといいな！

 ビフォーアフターの写真を並べれば、ウケるはず！

思いもよらない方法で SNS にアップされる

モナさんのSNSには、「シズクちゃんでもこんなにかわいくなったよ！笑」という
言葉とともに加工のビフォーアフターの写真が並べて投稿されていた。それを見た
シズクさんは、思いがけない形での投稿内容に悲しい気持ちになった。

絶対ウケてるだろうなぁ！
明日、学校でのみんなの反応を
聞くのが楽しみ！

シズクちゃん"でも"って、こん
な書き方ひどい。そもそも加工
前の写真をアップするなんて考
えてもみなかった。悲しい……

3章 交友関係編

# SNSにアップするとき、相手の同意はどこまで必要？

同意を得た写真はどれ？

　被写体であるシズクさんには、肖像権があります。したがって、自分の写真をSNSにアップするか否か、アップするとしてどの写真をアップするかを自分で決めることができます。モナさんが自身のSNSにシズクさんの写真をアップしたい場合、事前にシズクさんの同意を得なければなりません。

　この点、モナさんは、シズクさんに「あとでSNSにアップしておくね」と言い、シズクさんはそれに対して「わかった！　ありがとう！」と言っており、モナさんはシズクさんの同意を得ているようにも思えます。

　しかし、シズクさんが「加工前の写真をアップするなんて考えてもみなかった」などと思っていることからしても、シズクさんは、加工後の写真のアップに対してのみ同意していたようです。実際、シズクさんが同意した場面で、2人の間で話題になっていたのは加工後の写真です。

　ですから、もしモナさんが加工前の写真もアップしたいのであれば、その旨をシズクさんに伝え、十分に確認する必要がありました。つまり、「シズクさんの同意がどの写真にまでおよんでいたか」を明確にする責任はモナさん側にあった、ということです。こうした確認を怠って加工前の写真をアップする行為は、シズクさんの肖像権を害する行為といえます。

用語解説

肖像権

自己の容貌（ようぼう）などをみだりに撮影（写真や動画、いずれも含む）されたり、公表されたりしない権利のことです。たとえ公表しなくても、相手の同意なく行われた撮影は、肖像権の侵害となる可能性があります。

どんなふうにアップする？

　SNSに自分以外の写真をアップする場合、どのような意味合いで写真を掲載するかも相手の同意が必要です。投稿の内容次第では、写真の掲載を許さないという判断もありうるからです。

　とくに、このケースでシズクさんと

シズクさん
中学3年生。同級生に意図しない形でSNSに写真を投稿された

モナさん
シズクさんの写真を、本人が同意していない形でSNSに投稿した

モナさんは、加工後の写真を「いい写真になった」と評価しており、2人の間で「加工前後のちがいのおもしろさ」は話題になっていません。投稿内容を「おもしろさ」に着目したものとすることがシズクさんの意に反する可能性は十分あります。

ですから、もしモナさんが加工前後のちがいのおもしろさに着目して写真をアップしたいのなら、事前にそうした趣旨でアップしたい旨をシズクさんにきちんと伝え、しっかりと確認する必要があります。

もしも、モナさんがそうした確認を行っていれば、シズクさんは掲載を許可しなかったでしょう。

社会的評価や "名誉感情"は大切

不特定多数の人が閲覧できるSNS上で「シズクちゃんでもこんなにかわいくなったよ！笑」というコメントを添え、加工前後の写真を並べてアップする行為は、シズクさんの容姿が「かわいくない」ことを前提とする書き込み、またはそのことを強調する書き込みといえます。こうした行為は、公然とシズクさんの社会的評価を下げる行為ですから、「侮辱罪」にあたる可能性があります。また、シズクさんの自尊心などの"名誉感情"も害すと考えられるため、民法上の不法行為としての侮辱にもあたりえます。

他方、この投稿は、単純に「バカ」などの侮辱的な言葉をぶつけるものともやや異なりますので、「具体的な事実を摘示（指摘）するもの」と評価される余地もありそうです。その場合は名誉毀損罪または名誉権の侵害 ➡P.126 にあたります。

つまり、モナさんの行為は、シズクさんの大切な社会的評価や名誉感情を害するものであり、"ウケ"をねらって気軽に行ってよいことでは決してない、ということです。

条文を見る！

侮辱
【刑法第231条】

事実を摘示しなくても、公然と人を侮辱した者は、1年以下の拘禁刑若しくは30万円以下の罰金又は拘留若しくは科料に処する。

誰かを犠牲にして "楽しさ"を優先させない

モナさんの行為によって、シズクさんは悲しい気持ちになっていますから、モナさんの行為は「いじめ」 →P.80 にあたります。

モナさんは、もしかすると「笑いを取って注目され、シズクちゃんもうれしいはず」とか「みんながおもしろがって楽しめるんだから、シズクちゃんは恥ずかしがる必要なんてない」などと思っているかもしれません。しかし、そうした行為は、誰かを犠牲にして自分たちの"楽しさ"だけを優先させる行為です。相手を悲しい気持ちにさせ、人の尊厳を傷つけてまで得てよい"楽しさ"などないのです。そうした"楽しさ"を当たり前のように受け入れていると、自分の所属するコミュニティでは"それが当たり前"になっていき、いつか自分が犠牲になるときがくるかもしれません。

ですから、自分の行いが相手に「心身の苦痛」を与える行為であると気づいた時点で、ただちにその行為をやめ、相手に謝罪することが大切です。

モナさんは、すぐに投稿を削除してシズクさんに謝る必要があるでしょう。

意思確認はていねいに

SNSなどに写真をアップする際、相手への意思の確認は、ていねいに行うことがとても重要です。

たとえば、このケースで2人のほかに何名か友達がいた場合、その何名かとモナさんが、シズクさんに対して「おもしろいから、加工前と加工後、どっちもアップしちゃおうよ！」、「絶対オイシイよ！」などと言ってしまうこともあるかもしれません。これは、モナさんたちが、いわゆる"同調圧力"をシズクさんにかけている状況です。シズクさんがNOと言いにくい状況を作り出してしまっているのです。もちろん、シズクさんとモナさんの関係性次第では、モナさんが一人だけでこうした状況を作り出すこともありえるでしょう。

同意は、真意に基づくもの、本心からのものでないといけないため、このような圧力をかけて同意を得てはなりません。NOと言える環境作り、状況作りを意識することが大切です。

なお、NOを言いやすい環境作りは、集合写真をアップする際などにも必要

シズクさん
中学3年生。同級生に意図しない形でSNSに写真を投稿された

モナさん
シズクさんの写真を、本人が同意していない形でSNSに投稿した

です。また、もし一人でもNOと言う人がいたら、アップそのものをやめるか、その人だとわからないように加工するなどして、その一人の意思を尊重しましょう。

これも注目　侮辱罪の法定刑

近年、SNSにおける誹謗中傷は、命を落とす人が出るほどに深刻な問題となっています。

そのため、侮辱罪の法定刑が「拘留又は科料」から2022年に「1年以下の懲役若しくは禁錮若しくは30万円以下の罰金又は拘留若しくは科料」に引き上げられました。なお、2025年6月には、このうち「懲役若しくは禁錮」が「拘禁刑」となります。拘禁刑とは、懲役刑と禁錮刑を一元化して新たに創設された刑罰です。

拘留は、1日以上30日未満、労務作業の義務なく刑事施設に拘置される刑罰で、科料は、1000円以上1万円未満の金銭を強制的に徴収される刑罰です。つまり、いずれも刑罰としては"軽い"のです。

ですから、「拘留又は科料」しか

科される余地のなかった以前と比べると、改正後は刑が重くなったということができます。

現在は、SNS上で、不特定多数の人が一人に対して誹謗中傷を行うこと、そうした誹謗中傷を際限なく広めていくことが簡単にできてしまうようになりました。"言葉や画像による攻撃"は、その行いやすさだけでなく、威力も格段に増しています。

ですから、私たちは、その「不特定多数の人」の一人にならないように気をつける必要があるのです。

SNSとのつき合い方は、大人も子どもも一緒に学んでいかなければならない重要な問題だといえるでしょう。

3章 交友関係編

LGBTQ であると 無断で話されてしまった

「同性が好き」と勝手に言われてしまう

塾の仲良し、サトル・フウカ・エマさんが恋愛話で盛り上がっていると、サトルさんが「同じ学校のシンくんが気になるかも？」と言った。後日、サトルさんの陰口を聞いたフウカさんは、彼をかばおうと「サトルは、同じ学校の男子が好き」などと話した。

1

サトルには好きな人いるの？

同じ学校のシンくんが気になるかも？

ワイワイ

私の好きな人の話も聞いて！

2

サトルってエマのこと好きなんじゃない？釣り合わないのに

あはは！

ちょっと！

サトルは、同じ学校の男子が好きなんだよ。エマは関係ない！

この2人になら言っても大丈夫だよね？

意外！ でも、男子が男子を好きになることもあるって、学校で習った気がする

ひどい悪口！ サトルは男の子しか好きにならないのに！サトルを守るためにも、誤解を解かないと！

LGBTQ　#性的指向　#性自認　#乱暴な決めつけ

#性的マイノリティ　#アウティング　#プライバシー権

うわさになり、友達に裏切られた気持ちになる

後日、塾内に「サトルは男の子が好き」といううわさが広がる。サトルさんは塾に行きづらくなり、エマさんから「フウカはサトルをかばったんだから許してあげて」などと言われるが、裏切られた気持ちになってしまう。

③

サトルって
男が好きらしいよ。
近よりにくいよな

ヒソヒソ

④

フウカはサトルを
かばったんだから
許してあげて

それに、隠すような
ことじゃない。
堂々としてなよ！

えっ！　みんなに話しちゃったんだ
どうしよう、うわさになってる。
もう、塾に来たくない……

悪いのは悪口を言ってた人でしょ。フウカのせいじゃないし、サトルも気にしすぎ

かばおうとしたのだとしても、ほかの人には言ってほしくなかった

誰かがLGBTQと知ったとき どうすればよい？

乱暴な"決めつけ"には注意しよう

多くの人たちの中には、「性別は男と女の2種類で、見た目で判断できる」とか「人は必ず異性を好きになる」などという"思い込み"があります。こうした前提のもと作られている社会制度も多々あります。

しかし、実際は、そうとは限りません。性的指向や性自認は多種多様です。自分の性的指向や性自認が自分でも、ただちにはわからないこともあります。

相手のことを「この人はこういう人」と自分の理解に合わせて分類して安心してしまうことがありますが、性的指向などに関する乱暴な決めつけにはとくに注意が必要です。自分の理解に相手をあてはめるのではなく、相手ときちんと向き合うことが大切です。

たとえば、このケースのサトルさんは、「同じ学校のシンくんが気になるかも？」と述べていますが、ここからただちに「サトルは男の子しか好きにならない」などと決めつけてしまうのはとても早計で乱暴な態度です。

このようなことを告げられたら、「サトルは今、シンくんが気になっているんだ」と、まずは、そのままを受け止める姿勢が重要です。

また、性的指向や性自認は、自分で選べるもの、決められるもの、変えられるものではないことも知っておく必要があります。

たとえば、サトルさんに「なぜ、男の子が気になるの？」と質問するのは、「なぜ、あなたの血液型はA型なの？」と質問するのと同じくらいおかしなものです。「知らない」ことで相手を傷つけてしまうのは避けたいものです。

用語解説

性的指向

簡単にいえば「好きになる性」のことをいいます。人口割合的に多くの人が異性を好きになるといわれていますが、同性を好きになる人（ゲイ、レズビアン）も、どちらの性も好きになる人（バイセクシュアル）もいます。また、他者に対して恋愛感情をもたない人もいます（アロマンティック）。なお、性的"指向"と性的"嗜好"は別の概念です。性的嗜好は、「手がきれいな人が好き」な

 **サトル**さん
同じ学校の男の子が気になっている

 **エマ**さん
塾の友達。男の子から人気がある

 フウカさん
塾の友達。正義感が強い

ど、性的な好みのことです。

性自認

　性に対するアイデンティティのことをいいます。自分の性別を自分がどう感じ、どう認識しているか、と言いかえることもできます。人口割合的に多くの人が、性自認と身体の性別が一致するといわれていますが、一致しないこともあります。そうした人たちをトランスジェンダーといいます。

性的指向に関する発言の何が問題？

　フウカさんは、「サトルは、同じ学校の男子が好き」と塾の女子たちに言っていますが、これは、個人のプライバシーにかかわる事実です。恋愛感情を抱く相手が同性・異性にかかわらず、本人の同意なく他人に言うことは、原則としてできません。

　ただ、フウカさんには、塾の女子たちの悪口からサトルさんをかばう目的がありました。また、好きな相手を「同じ学校の男子」と言っただけで、その名前を言ったわけでもありませ

ん。"塾の子"ではありませんから、その場にサトルさんと同じ学校の子さえいなければ、悪口を言っていた子たちと知り合いの可能性も低いでしょう。

　そう考えると、フウカさんの行為を、"それほど問題のない行為"のように考えることもできそうです。

　しかし、その後の展開からも明らかなとおり、ここには大きな問題があります。第三者に「サトルは、同じ学校の男子が好き」と告げるのと「サトルは、同じ学校の女子が好き」と告げるのとでは、その意味合いが大きく異なるのです。そして、「その意味合いが大きく異なる」という事実自体が、今の社会が変わっていかねばならないことの表れともいえます。

性的マイノリティの生きづらさ

　とても残念なことですが、性的マイノリティ（LGBTQ）に対する差別や偏見は、いまだにこの社会に存在し、その当事者を生きづらくさせています。

　事実、性的マイノリティの自死率は、そうでない人と比べて高いとさ

3
章

交友関係編

139

れ、政府が策定する「自殺総合対策大綱」にも「性的マイノリティへの支援の充実」の項目が設けられています。

また、性的マイノリティは、いじめの対象にもなりやすいため、文部科学省の「いじめの防止等のための基本的な方針」や「生徒指導提要」などにおいても、性的マイノリティの子どもに対するいじめ防止の観点から、支援体制を築くことや教職員による理解の促進などが求められています。

そもそも、こうした差別や偏見は、"オネエ"、"オカマ"、"ホモ"、"オトコオンナ"、"そっち系の人"などという言葉を用い、メディアなどで性的マイノリティを「からかってよい対象」かのように扱ってきたことでも助長されたと考えられています。差別や偏見は、世間の常識や流行、"空気感"などとも密接に絡み合っているため、その問題は非常に根深いといえるのです。

「アウティング」の危険性

当事者の性的指向や性自認を、本人の同意なく、第三者に打ち明ける、いわゆる「アウティング」はとても危険です。当事者を、社会における差別や偏見の目にさらしてしまう可能性があるからです。実際の事件でも、自身の性的指向を友達らに同意なく公開され、当事者が自死してしまった例などがあります。

このケースでも、サトルさんをかばう目的があったとはいえ、その同意なく女子たちに「サトルは、同じ学校の男子が好き」と告げてしまったフウカさんの行為は、やはりうかつであり、危険であったと言わざるを得ません。「好きな人が男の子である」という情報が、サトルさんをかばうために必須ではないことも注目できる点でしょう。「サトルは、同じ学校に好きな人がいる（エマさん以外に好きな人がいる）」で十分だったはずです。

👆Advice

「学ぶこと」がもっとも大切

性的マイノリティに対する差別や偏見が"実際にある"以上、他人の性的指向や性自認に関する情報を大切に扱わなければならないことを、子どもたち

サトルさん
同じ学校の男の子が
気になっている

エマさん
塾の友達。男の子か
ら人気がある

フウカさん
塾の友達。正義感が
強い

もきちんと学ばなければなりません。

たとえば、エマさんは、サトルさんに「フウカはサトルをかばったんだから許してあげて。それに、隠すようなことじゃない。堂々としてなよ！」と言っていますが、「隠すようなことじゃない」などとエマさんが決められるものではありません。堂々としたところで、避けられたり、陰口を言われたりすることがすぐになくなるわけではないでしょう。矢面に立たされるのはサトルさんなのです。

自分の性的指向や性自認に関する情報は個人のプライバシーに関する情報です。ですから、プライバシー権の一環として、開示するか否か、誰に開示するかなどの判断を自分で行うことができます。このケースで、「サトルさんの気になる人が男の子であること」の公開・非公開を判断できるのはサトルさんだけです。

その原則をきちんと理解し、自分の性的指向や性自認に関する情報も、他人のそれらも、どちらもていねいに扱っていくことが、これからの社会では求められるのです。

2024年4月からは、小学校の保健体育の教科書に「同性を好きになる人もいる」ことなどが明記されました。子どもが家庭でそのテーマについて話すことがあったら、ゆっくりと話を聞いてみてください。子どもから学ぶこと

も多いかもしれません。

また、もし、からかいをはじめ、差別や偏見をもつ様子があれば、安易に同意したり、逆に頭ごなしに否定したりせず、なぜそう考えるのかをていねいに聞いてみてください。誤った知識や根拠のない事実を前提にしている場合が多々ありますので、正確な情報を伝えることが大切です。

「良かれと思って」が生み出すリスク

誰かが同性に告白した事実など、保護者として、子どもたちの性的指向の情報などにふれる機会もあるかもしれません。そうした際、その情報を、その子の保護者やほかの大人に伝えてよいかは、立ち止まって考える必要があります。「良かれ」と思って伝えた情報が子どもを追い詰める可能性があるからです。誰が知ってもよいかは、「子ども本人が決める」ことが原則であることを踏まえて行動しましょう。

なお、子どもも保護者も、もしLGBTQに関することで悩んだら、LINEで相談できるような機関もありますので、抱え込まずに相談機関の力を借りるのも一案です。

3章

交友関係編

女子の着替えをのぞいた男子への処分が軽い

男子が女子更衣室をのぞこうとしてバレる

テニススクールの合宿中、ハルトさんとソラさんが少し開いていた女子更衣室の窓からスマホを入れ、録画機能で女子の着替えをのぞこうとする。スマホに気づいたヒナさんが悲鳴を上げたため、2人は逃げ出し、壁しか録画されていなかった。

 今、確かにスマホが見えた！盗撮だ！

 撮影できたらおもしろかったのに……。急いで逃げなきゃ!!

 なんだ、失敗か！　更衣室の壁しか映ってないよ

のぞかれた女子の不安が消えない

ハルトさんとソラさんは、コーチから厳しくしかられたものの、合宿には参加し続けた。2人への処分はそれ以上なく、ヒナさんは合宿中ずっと「また盗撮されるかも」と不安だった。数か月が経っても、駅のトイレなどで盗撮を警戒してしまう。

3章 交友関係編

 壁しか映らなくてよかった　帰らせるほどでもないだろう

 別に、失敗したんだから、そこまで怒らなくてもいいのに

 なんで盗撮した人がまだ合宿にいるの！　またされそうで、トイレもお風呂も怖い

 騒がない方がいいよね？　自意識過剰と思われたくない

盗撮は"映らなければ"罪にはならない？

「のぞき」を"遊び"にしてはダメ

アニメなどでカジュアルに表現されることもありますが、浴室や更衣室をのぞく行為は、人の性的羞恥心、性的プライバシー権を著しく害する行為です。ですから、軽犯罪法第1条23号は、浴場、更衣室、トイレなど、人が通常衣服をつけないでいるような場所に対するのぞき行為を「窃視の罪」として規制しています。

また、そうした場所は、「外から見られない」ことが徹底されることで性的羞恥心や性的プライバシー権が守られるわけですから、そうした場に目を向ける行為そのものがそれらを害する行為といえます。

したがって、仮に浴場や更衣室に人がいなかったとしても、また、のぞいた本人が目当てのものを見ることができなかったとしても、窃視の罪にあたります。そのような場合であっても「未遂」とはならないということです。こうした犯罪の類型を「抽象的危険犯」といいます。

つまり、ハルトさん、ソラさんの行為は、軽犯罪法の窃視の罪に十分該当する行為であり、決して単なる"遊び"や"悪ノリ"では済まされません。ましてや彼らは、のぞきのツールとしてスマートフォンの録画機能を使用しています。この点については、さらに別の問題が生じます。

用語解説

窃視の罪

「窃視」とは、こっそりとのぞき見ることをいいます。軽犯罪法第1条23号は、窃視の罪として、「正当な理由がなくて人の住居、浴場、更衣場、便所その他人が通常衣服をつけないでいるような場所をひそかにのぞき見た者」は、「拘留（1日以上30日未満）又は科料（1000円以上1万円未満）に処する」（同法1条柱書）としています。

抽象的危険犯

軽犯罪法の窃視の罪のように、犯罪の成立に具体的な危険の発生までは要求されず、一般的・抽象的危険の発生だけで犯罪の成立（既遂）を認める犯罪の類型を「抽象的危険犯」といいます。刑法第108条の現住建造物等放火罪などもこれにあたります。人が住む家に対して火をつ

ハルトさん
小学5年生。テニス合宿に参加中

ソラさん
ハルトさんと女子更衣室をのぞく

ヒナさん
「のぞき」への不安が消えない

ける行為は、それ自体が極めて危険な行為ですから、燃え広がるなど具体的な危険が発生していなくても、火をつける行為におよんだ時点で既遂となるのです。

盗撮を規制する新法ができた

スマートフォンの録画機能で女子更衣室の中を撮影する行為に対しては、2023年7月13日以降、新しい法律が適用されるようになりました。新しい法律とは、「性的な姿態を撮影する行為等の処罰及び押収物に記録された性的な姿態の影像に係る電磁的記録の消去等に関する法律」（以下、「性的姿態撮影等処罰法」といいます）です。人の性的部位や下着などを正当な理由なく撮影した場合は、同法第2条1項1号の性的姿態等撮影罪にあたり、3年以下の拘禁刑又は300万円以下の罰金が科されます。

人のそうした姿を撮影する行為は、写真や動画などの記録が残ってしまうのみならず、拡散の可能性もあるた

め、人の目で見る（のぞく）よりもはるかに性的な自己決定権（性的プライバシー権を含む）を害する行為です。そのため、軽犯罪法上の「窃視の罪」よりも刑が重くなっています。

ハルトさんたちは、小学5年生の刑事未成年ですから同法が直接適用されることはありません ➡P.93 。また、このケースでは結果として女子更衣室の壁しか映りませんでしたから、女子の下着などを撮影したともいえません。

しかし、撮影によって下着などが写らなかったとしても、写そうとする行為そのものが性的な自己決定権を害する危険性の高い行為です。そのため、撮影罪は同条2項において未遂罪も処罰の対象としています。

つまり、ハルトさんたちの行為は、女子更衣室にいた女の子たちの性的自己決定権を害する危険性の高い違法なものであった、ということです。ですから、ハルトさんたちは、その行為が非常に人を傷つける行為であること、社会において決して許されない行為であることをきちんと理解しなければなりません。

3
章

交友関係編

? 盗撮は"映らなければ" 罪にはならない？

用語解説

性的姿態撮影等処罰法

　盗撮行為は、これまで各都道府県の迷惑防止条例などの規制対象となっていましたが、迷惑防止条例は都道府県によって処罰対象が異なるため、一貫した規制がなされず、十分な処罰が行われないことがありました。

　こうした事態を避けるためにできた法律が性的姿態撮影等処罰法です。撮影罪のほか、盗撮画像を他人に提供する提供罪や、盗撮画像をインターネット上にアップする公然陳列罪、提供目的で盗撮画像を保管する保管罪についても定められています。

自ら露出し又はとっているものを除いたもの（以下「対象性的姿態等」という。）を撮影する行為
イ　人の性的な部位（性器若しくは肛門若しくはこれらの周辺部、臀部又は胸部をいう。以下このイにおいて同じ。）又は人が身に着けている下着（通常衣服で覆われており、かつ、性的な部位を覆うのに用いられるものに限る。）のうち現に性的な部位を直接若しくは間接に覆っている部分
ロ　イに掲げるもののほか、わいせつな行為又は性交等（刑法（明治40年法律第45号）第177条第1項に規定する性交等をいう。）がされている間における人の姿態

条文を見る！

性的姿態等撮影 【性的姿態撮影等処罰法 第2条1項1号】

　次の各号のいずれかに掲げる行為をした者は、3年以下の拘禁刑又は300万円以下の罰金に処する。
一　正当な理由がないのに、ひそかに、次に掲げる姿態等（以下「性的姿態等」という。）のうち、人が通常衣服を着けている場所において不特定又は多数の者の目に触れることを認識しながら

大人の対応を 子どもは見ている

　このケースでコーチは、ハルトさんたちを厳しくしかったものの、「壁しか映らなかった」という理由で、家に帰すようなことをせず、合宿の参加を継続させています。

　保護者とスクールとの契約内容や合宿所の場所などの事情によっては、必ずしもそれだけをもって"明確に問題

ハルトさん
小学5年生。テニス合宿に参加中

ソラさん
ハルトさんと女子更衣室をのぞく

ヒナさん
「のぞき」への不安が消えない

のある対応"といえない可能性もありますが、「合宿参加を継続させる判断を安易に行うこと」には慎重にならなければなりません。対応次第では、女子更衣室にいた子どもたち、あるいはこれから女子更衣室を使う予定の子どもたちに対して「あなたたちの性的羞恥心、性的プライバシー権はそれほど重大な価値ではない」というメッセージを発することになるからです。

　そもそも、前述のとおり、女子更衣室を「のぞいた行為」そのものがすでに軽犯罪法にふれる行為です。「着替えを外から見られる可能性」を作り出すこと自体が問題なのであり、「誰も下着姿などを見られていないからセーフ」という話ではありません。ましてや、のぞきの手段としてスマートフォンの録画機能を使ったのですから、法益侵害の程度、違法性の程度は高いのです。合宿の参加を中断させる判断がなされたとしても、決して"大げさ"ではありません。

　仮に諸事情から、それが難しかったとしても、コーチたちは、ハルトさんたちに女子更衣室や女子風呂などに近づくことを禁ずるなど、何らかの厳格な対応が必要だったといえるでしょう。

👆Advice

「被害の矮小化」には気をつけよう

　ヒナさんはこの件以降、駅のトイレなどでも、いつまた盗撮されるのかと怖くなり、その警戒心は、数か月が経っても消えていません。

　ヒナさんは、自分が性的な対象となりうることや、無防備な姿を誰かに撮影される可能性があることなどを身をもって感じたわけですから、恐怖心や警戒心が残ってしまうのは自然です。

　こうした心を落ち着かせる目的で、女子更衣室にいた子どもたちが「見られたわけじゃない」とたがいに言い合うことは問題ではありません。

　しかし、それが「実害がないから、騒いではいけない」という気持ちからの発言であれば、大きな問題です。そう思わせない責任が大人にはあります。こうしたケースでは、感じている不安や恐怖を言葉にしてよいと、あえて言うことも必要です。

　また、大人が良かれと思って「見られていない」ことを強調するのは、被害の矮小化につながりかねず危険です。積極的に求められている場合を除き「大したことはない」などと被害を"評価"する必要はありません。話に耳を傾け続けることが大切です。

3章

交友関係編

147

「性の問題」に必要な視点

「男の子ってそんなもの」が男の子を苦しめる⁉

「修学旅行先で男子生徒数名が女子風呂をのぞいた」といったニュースが流れると、「年ごろの男の子ってそんなもの」、「そんなことぐらいで大騒ぎしすぎ」、「男子の結束を固めるイベントのようなもの」などといった論調がSNSなどで見られることがあります。本文中でもふれたとおり、アニメなどでもカジュアルに表現されることがある行為ですから、そうした意見をもつ大人がいても不思議ではないかもしれません。

しかし、このような大人の姿勢はかなり危険です。大人が何気なく発する意見が、子どもに対するどんなメッセージに変換されてしまうか、少し立ち止まって考えてみましょう。他人を性的に消費することを"当たり前"かのように大人が論じてしまっては、子どもたちが人の性的羞恥心、性的プライバシー権の重要性を十分に学べなくなるからです。「性的なことに関心をもつ時期」だからこそ、適切に学ぶ必要があるのです。

● 大人の論調が子どもに発するメッセージ

大人の論調		子どもに発するメッセージ
年ごろの男の子ってそんなもの	‥‥▶	男の子にはよくあることなので、それほど問題にはならない
のぞきぐらいで大騒ぎしすぎ	‥‥▶	裸を見られるくらいは大した害ではないのだから、大騒ぎすべきではない
男子の結束を固めるイベントのようなもの	‥‥▶	男子同士が仲良くなるためには、女の子の裸程度なら犠牲にしてもよい

そもそも、他人の性的羞恥心、性的プライバシー権を軽視することは、自分のそれらへの軽視にもつながります。たとえば、他人ののぞき被害について「大したことではない」とする思考が根づいていると、自分の着替えを性的な関心をもって（あるいはおもしろがって）のぞかれた際にも、「大したことではないのだから、大騒ぎしてはいけない」という思考が芽生えます。自分で勝手に自分の被害を矮小化させてしまうのです。

当たり前のことですが、性的羞恥心、性的プライバシー権は、性別にかかわらず尊重されなければなりません。そのことを子どものうちから学んでおくことはとても大切なことです。「男の子ってそんなもの」という考え方は、結果的に男の子たちから"適切な学びを得る機会"を奪ってしまいます。

「加害者にさせない」意識が大事

多くの保護者は、自分の子どもが「被害者にならないように」と考える傾向にありますが、「加害者にさせない」という意識もじつは非常に大切です。

近年、スマートフォンやSNSの普及により、中学生や高校生が児童ポルノを作成したり、所持したりして検挙される例が増えています。全体の検挙数のうち半数近くが10代であるなどとも言われており、深刻な問題と考えられています。子どもを加害者にさせない対策・教育の必要性が高まっています。

児童ポルノは、女の子の写真や動画のイメージが強いかもしれませんが、男の子の写真や動画も対象となります。また、児童ポルノを「提供した者」などには、性的な目的がなくても該当しますから、いじめの手段として撮影した場合なども該当しえます。つまり、割合に差はあるものの、「男の子が女の子に」だけでなく、「男の子が男の子に」とか「女の子が男の子に」とか「女の子が女の子に」といった加害の可能性もあるということです。

家庭で取り扱う問題としてはハードルが高いかもしれませんが、子どもを加害者にさせないために、性的な写真や動画の取り扱いについては、よく話し合っておく、注意をうながしておく必要性が非常に高いといえるでしょう。そうした家庭での取り組みは、子どもたちが、性的羞恥心、性的プライバシー権の重要性を学ぶことにもつながります。

3章 交友関係編

友達から元彼女の性的な画像が届いた

SNS に元彼女の性的な画像を投稿する

部活メンバー20人限定のSNSに、ダンさんが「最悪！ ふられた！ やることやったし、こんな写真も撮れたし、まぁいっか。ほかには見せるなよ」と同い年の元彼女の性的な写真を数枚投稿。それを見たカイトさんは困惑し、ショウさんは数人に見せた。

 友達に経験を自慢するくらいいいよね
まぁ、部活のメンバーだけだし。「ほかには見せるな」と釘も刺したし

 こんな写真を送ってくるなんて、どういうつもりだろう
見せちゃいけないやつなんじゃ

 保存しとこう。「ほかには見せるな」ってあるけど、数人ならいいよね

画像が外部に広まってしまう

結局、ほかの人に画像を見せたり送ったりした人がいたため、元彼女の写真は部活の外にも広まり、ダンさんはじめ、カイトさん、ショウさんを含む、部活のメンバーは先生から事情を聞かれた。学校は警察に通報をし、大きな問題となる。

「ほかには見せるな」って伝えたのに、広めるから、こんなことになるんだよ……

勝手に写真を送りつけられただけで広めてない
なぜ巻き込まれるんだろう？

写真を送ってきたダンが悪い！
なんで僕まで責められなきゃいけないの？

 # 届いた画像を転送しただけ、受け取っただけでもダメなの？

リベンジポルノは犯罪

　近年、元交際相手や元配偶者による嫌がらせで、性的な写真が不特定または多数の者に提供されてしまう「リベンジポルノ」といわれる行為が問題となっています。SNSの発達に伴い、トラブルの件数も増加傾向にあるため、2014年にはそうした被害を防止するための法律（通称「リベンジポルノ防止法」）が作られました。ダンさんの行為は、同法に抵触する可能性が高いでしょう。なお、この法律の対象は写真などを「提供した者」であり、その者が「元交際相手」や「元配偶者」である必要はありません。

条文を見る！

私事性的画像記録提供等
【リベンジポルノ防止法第3条1項】

　第三者が撮影対象者を特定することができる方法で、電気通信回線を通じて私事性的画像記録を不特定又は多数の者に提供した者は、3年以下の拘禁刑又は50万円以下の罰金に処する。

写真が「児童ポルノ」に該当する可能性も

　18歳に満たない子どもの性的な写真は、その内容次第では、「児童ポルノ」に該当する可能性があります。

　ダンさんの元交際相手は、ダンさんと同い年ですから、ダンさんの行為は、児童ポルノ禁止法上の「児童ポルノを提供した者」にも該当するおそれがあります。

　なお、20歳未満であるダンさんには少年法が適用されるため、ただちに刑事罰が科されるわけではありません。しかし、少年院送致などの保護処分がなされる可能性はあります。

用語解説

児童ポルノ

　児童ポルノとは、18歳に満たない者（児童）の性的な写真や動画などをいいます。具体的には、児童の性交または性交類似行為、児童の性器など（性器、肛門または乳首）を触ったり、児童が他人の性器などを触ったりしている姿、児童が服の全部または一部を着けず、ことさらにその性

ダンさん
高校2年生・17歳。性的な画像を投稿した

 ショウさん
画像を保存し、ほかの数人に見せた

 カイトさん
画像を受け取っただけで広めなかった

的な部位（性器などもしくはその周辺部、臀部または胸部）が露出・強調されている姿などが写ったものが児童ポルノ禁止法の「児童ポルノ」に該当するとされています（児童ポルノ禁止法第2条3項）。

処する。電気通信回線を通じて第2条第3項各号のいずれかに掲げる児童の姿態を視覚により認識することができる方法により描写した情報を記録した電磁的記録その他の記録を提供した者も、同様とする。

条文を見る！

児童ポルノ所持
【児童ポルノ禁止法第7条1項】

自己の性的好奇心を満たす目的で、児童ポルノを所持した者（自己の意思に基づいて所持するに至った者であり、かつ、当該者であることが明らかに認められる者に限る。）は、1年以下の拘禁刑又は100万円以下の罰金に処する。自己の性的好奇心を満たす目的で、第2条第3項各号のいずれかに掲げる児童の姿態を視覚により認識することができる方法により描写した情報を記録した電磁的記録を保管した者（自己の意思に基づいて保管するに至った者であり、かつ、当該者であることが明らかに認められる者に限る。）も、同様とする。

児童ポルノ提供
【児童ポルノ禁止法第7条2項】

児童ポルノを提供した者は、3年以下の拘禁刑又は300万円以下の罰金に

学校は警察に通報する可能性が高い

ダンさんの行為は、撮影対象者である被害者が重大な「心身の苦痛」を感じる行為といえるため、元交際相手が「児童等」に該当する場合、仮に他校の生徒であったとしても、「いじめ」に該当します。

そして、いじめ防止法第23条6項は、学校に対し、「いじめが犯罪行為として取り扱われるべきものであると認めるとき」は警察との連携を求め、「当該学校に在籍する児童等の生命、身体又は財産に重大な被害が生じるおそれがあるとき」には、通報して適切な援助を求めることを要求しています。

したがって、こうした事実が発覚した場合、多くの学校は警察に相談や通

3章 交友関係編

報を行います。ダンさんとしては、仲の良い友達に経験を自慢するような軽い気持ちだったのかもしれませんが、十分に"大ごと"になる事態なのです。

「児童ポルノ」は単純所持でも犯罪

ダンさんが送信した写真が「児童ポルノ」に該当する場合、受信者たちも十分に気をつけなければなりません。

ショウさんのように、自己の性的好奇心を満たす目的でその写真を保存すれば、児童ポルノの「所持」にあたります。

もちろん、ダンさんと同様、その写真を友達に送信するなどすれば、その人数が一人であったとしても、「児童ポルノを提供した者」にあたります。

このように「性的な写真や動画」に関するトラブルは、撮影対象者である被害者だけでなく、送信者本人およびその受信者をも不幸にします。犯罪の中でも性に関するものは、被害者の心身のダメージが非常に大きいため、紛争自体が長期化してしまうことも少なくありません。

また、送受信者は、罪や反省の有無にかかわらず、"加害者"のレッテルをずっと剥がせないまま生きていかなければならないことも、残念ながらありえます。性的な犯罪に対する社会の目が非常に厳しくなっているからです。

ですから、性的な写真や動画に関しては、「男同士のノリ」として済まされることでは決してありません。「撮らない、撮らせない、見せない、保存しない、送らない」を徹底することが重要です。

👆Advice

「拒絶されること」との向き合い方も学ぼう

子どもの交際トラブルに保護者が介入することはほぼ不可能ですし、介入が望ましくない場合も多いですが、保護者が知っておいた方がよいことはあります。

それは、多くの交際トラブルは、交際終了時をはじめ、相手に自分の好意を受け入れてもらえない場合や拒絶された場合に発生する、ということです。実際に交際していなくても、「告白したが断られた」場合なども同様です。小中学生でも「自分の好意を相手に受け入れてもらえない」ことを理由

ダンさん
高校2年生・17歳。性的な画像を投稿した

ショウさん
画像を保存し、ほかの数人に見せた

カイトさん
画像を受け取っただけで広めなかった

に、いじめを始めてしまう例はありますし、もっと年齢が上がれば、ストーカーの問題なども生じえます。別れを切り出された側が逆恨みしてつきまとう、加害するといったことは多々起こっているのです。実際にそれが殺人事件にまで発展する例などもあり、好意を拒絶された事実や別れの事実を「受け入れられない」という問題は、じつはとても深刻です。

当然ですが、たとえ交際をスタートさせたとしても、最後まで添い遂げなければならない義務などありません。また、婚姻とは異なり、いわゆる一般的な交際は、基本的に何の法的義務もたがいに負いません。

ですから、交際を終える自由は"たがいに"あり、片方が「別れたい」と思った時点で交際を「終了できる」と考えるのが原則です。そして、それが"たがいを尊重する"ということでもあります。どちらも交際を強制されることはないのです。

したがって、「相手を尊重することの大切さ」を子どもと考える際には、「自分の好意が受け入れられない場合がある」ことや「拒絶される場合がある」ことも折にふれて伝えておくことが大切です。好意を拒絶されるのはとてもつらいことですが、多くの場合、それは自分自身で解決・解消しなければならない問題であり、相手側の

問題ではありません。そのことを明らかにしておく必要があります。そうした日々の積み重ねが、ささいな拒絶を"人格否定された"などと安易にとらえない精神的な強さやしなやかさを子どもが身につけることにつながるのだと思います。

不当な場合は法的手続を

片方が「別れたい」と思ったら、別れなければならないとなると"泣き寝入り"のような気持ちになる子どももいるかもしれません。しかし、先に述べたとおり、交際継続を強制する方法はありませんから、選択肢として「別れる」しかないのです。

もし、交際中または別れ際にひどい扱いを受けたなどの事情があれば、それは別の問題として、法的に責任を追及できる可能性があります。場合によっては、裁判などの法的手続によらずに、代理人を立てて慰謝料を求めるなどの手段もあります。

ですから、どのような事情があれ、ダンさんのように加害行為におよぶことだけは避けなければなりません。それ以外の手段で自分を落ち着かせ、傷ついた自分を回復させる方法を子どもたちは学んでいく必要があるのです。

3章

交友関係編

刑法改正と性犯罪

（ 相手の「同意」がより重視されるようになった ）

　2023年に刑法が改正され、不同意性交等罪（強制性交等罪と準強制性交等罪を一本化）と不同意わいせつ罪（強制わいせつ罪と準強制わいせつ罪を一本化）が新設されました。

　たとえば、従前の強制わいせつ罪や強制性交等罪は、その成立要件として、行為者が相手を暴行または脅迫したり、行為者が相手を判断や抵抗ができない状態にしたりすることが必要でした。これに対し、改正後は、きちんとした「同意」を相手から得られない8つの典型例を示し、同意のない性交等やわいせつな行為を犯罪としています。

● 相手から「同意」を得られない8つの典型例

参考：法務省ホームページ

行　為	内　容
①暴行または脅迫	殴る・蹴るなど。害悪を告知して怖がらせること
②心身の障害	身体障害、知的障害、発達障害および精神障害など。一時的なものも含む
③アルコールまたは薬物の影響	飲酒や薬物の投与・服用があること
④睡眠その他の意識不明瞭	眠っていたり、意識がはっきりしていない状態であること
⑤同意しない意思を形成、表明または全うするいとまの不存在	不意打ちなど、その性的行為について自由な意思決定をするための時間のゆとりがないこと
⑥予想と異なる事態との直面に起因する恐怖または驚愕	予想外のことに直面して、恐怖や驚きで冷静さを失ってしまうこと。いわゆるフリーズ状態
⑦虐待に起因する心理的反応	虐待による無力感・恐怖心など
⑧経済的または社会的関係上の地位に基づく影響力による不利益の憂慮	経済的な問題や、祖父母・孫、上司・部下、教師・生徒などの立場ゆえの影響力によって不利益が生じることを不安に思うこと

（ 性交同意年齢の引き上げ ）

改正前は、いわゆる性交同意年齢（性的な行為に同意できる年齢）は、13歳とされていました。13歳といえば、中学1、2年生ですから「あまりに低すぎる」と多くの批判がありました。これを受けて、改正後は、その年齢が16歳に引き上げられました。

これにより、16歳未満の者に対して性交等やわいせつな行為をした者には、たとえ相手が同意していたとしても、一律に不同意性交等罪や不同意わいせつ罪が成立します。ただし、相手が13歳以上16歳未満の場合、一律にこれらの罪が適用されるには、行為者が相手よりも5歳以上年長である必要があります。たがいに同意のある15歳同士のカップルの場合などは、「行為があった」というだけで、一律にこれらの罪が適用されることはありません。ただ、相手が13歳未満であれば、行為者が15歳などの年少者であっても、また相手が同意していたとしても、一律にこれらの罪は成立します。ですから、「子ども同士なら罰されない」ということではありません。

（ 16 歳未満の者を誘い出す行為も犯罪に ）

とても悲しいことに、SNSなどで子どもを誘い出し性的な行為をしようとする大人は後を絶ちません。そのため、16歳未満の者に対する「面会要求等の罪」が新設されました。

● 面会要求等の罪が成立する行為

参考：法務省ホームページ

行為と刑罰の内容		例
(1)わいせつ目的で右のいずれかの手段を使って会うことを要求すること （1 年以下の拘禁刑または 50 万円以下の罰金）	①威迫、偽計または誘惑	脅す、うそをつく、甘い言葉で誘う
	②拒まれたのに反復	拒まれたのに、何度も繰り返し要求する
	③利益供与またはその申し込みや約束	金銭や物を与える、その約束をする
(2)(1)の結果、わいせつ目的で会うこと（2 年以下の拘禁刑または 100 万円以下の罰金）		
(3)性交等をする姿、性的な部位を露出した姿などの写真や動画を撮影して送るよう要求すること（1 年以下の拘禁刑または 50 万円以下の罰金）		

おわりに

　本書は、「子どもと向き合うために、法的思考力を身につける」がテーマですが、少し気をつけてほしい点があります。それは、本文中にも登場する「べき論」や「正しさ」とのつき合い方です。

　ここまで述べてきたとおり、法には「"私"も"あなた"も尊重される環境を整える」ための考え方が詰まっています。そして、それは「べき論」や「正しさ」と非常に高い親和性があります。

　私は、みなさんに、べき論や正しさを伝えるために本書を書いたのではありません。むしろ、「保護者」となった途端に、自分に向けてしまう（あるいは、世間から向けられる）さまざまなべき論や正しさを検証する力を身につけてほしくて本書を書きました。「そのべき論や正しさは、真に必要な"正しさ"なのか？」という問いを立てられることは、「自分を尊重すること」につながると考えるからです。

　確かに、べき論や正しさは、一時的には"自分を支えてくれる"と感じさせ、私たちに安心感を与えてくれます。しかし、それが立場や状況、心のゆとりの有無などで、簡単に"自分を責める存在"に変わりかねないことは本文中でもふれたとおりです。

　ですから、本書を読んで、「なるほど。私は、こう考える"べき"なんだ」などと思ったら、黄色信号です。ただでも、べき論が多い子育

ての中で、これ以上のものを背負い込む必要はありません。

　そうではなく、保護者のみなさんには、「自分が尊いこと」を知ってほしいのです。内心の自由や保護法益など、本書では、多くの法の概念にふれてきました。それらは、私たちを個人として尊重するために存在しています。私たちが尊いことは、この社会の大前提です。「衝突したときに、たがいが尊いことを確認しながら調整していく方法」が法の知恵であり、みなさんに知っていただきたいこと、身につけていただきたい“法的思考力”なのです。

　私にも娘が2人おり、日々悩ましいことばかりです。「なぜ適切に行動できないのか」と、法の知識がべき論に変わることも多々あります。しかし、べき論にとらわれていると気づけること自体が、私の心を軽くしています。また、法の力を借りることで、「自分が何を大切にしたいか」、「どの価値を優先したいか」を整理し、言語化できるようになっているのも事実です。

　ですから、本書はきっと、みなさんとお子さんの楽しく充実した毎日に貢献できると思います。「一体どうすればいいの!?」の連続だからこそ、法を片手にみんなで乗り越えていけたらよいですね！

弁護士　真下麻里子

著者　真下麻里子（ましもまりこ）

早稲田大学教育学部理学科を卒業し、中学・高校の数学の教員免許をもつ弁護士。宮本国際法律事務所に所属し、NPO法人ストップいじめ！ナビの理事を務めている。全国の学校でオリジナルのいじめ予防授業や講演活動を実施。教職員研修の講師も務めている。TEDxHimi 2017に登壇した際のトーク「いじめを語る上で大人が向き合うべき大切なこと」はYouTubeにて公開中。著書に『弁護士秘伝！　教師もできるいじめ予防授業』、『「幸せ」な学校のつくりかた――弁護士が考える、先生も子どもも「あなたは尊い」と感じ合える学校づくり』（ともに教育開発研究所）、共著に『こども六法　練習帳』（永岡書店）、『ブラック校則　理不尽な苦しみの現実』（東洋館出版社）、『スクールロイヤーにできること』（日本評論社）などがある。

法 律 校 閲	足立 悠	（弁護士。アーライツ法律事務所）
イ ラ ス ト	アキワシンヤ	
デ ザ イ ン	佐藤春菜	
D T P	株式会社キャデック	
編 集 協 力	株式会社キャデック	
Special Thanks	宮下 萌	（弁護士。弁護士法人戸野・田並・小佐田法律事務所）
	遠藤まめた	（一般社団法人にじーず代表）

［参考文献］
芦部信喜著、高橋和之補訂『憲法　第八版』（岩波書店、2023）
山口厚『刑法各論　補訂版』（有斐閣、2005）
山口厚『刑法総論　補訂版』（有斐閣、2005）
西田典之著、橋爪隆補訂『刑法各論（第七版）』（弘文堂、2018）
デラルド・ウィン・スー著、マイクロアグレッション研究会訳
『日常生活に埋め込まれたマイクロアグレッション　人種、ジェンダー、性的指向：マイノリティに向けられる無意識の差別』（明石書店、2020）
池田喬、堀田義太郎『差別の哲学入門』（アルパカ、2021）
太田啓子『これからの男の子たちへ』（大月書店、2020）
法令用語研究会編『有斐閣法律用語辞典（第5版）』（有斐閣、2020）
仲真紀子編著『子どもへの司法面接　考え方・進め方とトレーニング』（有斐閣、2016）
姉崎洋一ほか編『ガイドブック教育法　新訂版』（三省堂、2015）
松岡宗嗣『あいつゲイだって　アウティングはなぜ問題なのか？』（柏書房、2021）
遠藤まめた『みんな自分らしくいるためのはじめてのLGBT』（ちくまプリマー新書、2021）
伊田広行『シングル単位思考法でわかる　デートDV予防学』（かもがわ出版、2018）
※そのほか、e-Gov法令検索や官公庁などのWebサイトを参照しています。

子どもと向き合う 法的思考力

2025年3月15日　初版発行

著　　者	真下麻里子	
発 行 者	鈴木伸也	
発 行 所	東京書店株式会社	
	〒105-0001	
	東京都港区虎ノ門4-1-40　江戸見坂森ビル4F	
	TEL：03-6284-4005　FAX：03-6284-4006	
	http://www.tokyoshoten.net	
印刷・製本	株式会社光邦	